5-7, rue de l'Ecole-Polytechnique, 75005 Paris

www.editions-harmattan.fr

ISBN : 978-2-343-18026-7
EAN : 9782343180267

Le débat fiscal :
une passion française

Finances publiques

Collection dirigée par Thierry LAMBERT

Les finances publiques connaissent un développement important et se diversifient. Les finances de l'État, les finances communautaires, les finances internationales et comparées, la science et la technique fiscales ne sont que quelques-uns des domaines couverts par les finances publiques contemporaines.

La présente collection a pour vocation de publier des travaux originaux (thèses, essais, colloques...) ou de facture plus classique (manuels, commentaires de textes, recueils de documents...).

Elle a aussi pour ambition de rééditer des ouvrages aujourd'hui introuvables, mais fort utiles, dès lors qu'ils s'imposent comme référence et qu'ils sont agrémentés d'une préface substantielle.

Déjà parus

Aurélie DORT, *Fiscalité et sécurité sociale, Étude de la fiscalisation des ressources de la Sécurité sociale*, 2019.
Fidèle MENGUE ME ENGOUANG, *Les finances publiques du Gabon*, 2018.
DIOUKHANÉ Abdourahmane, *Les finances locales sénégalaises*, 2018.
ATECK A DJAM Félix, *Droit du contentieux fiscal camerounais, Nouvelle édition*, 2017.
Mahrez ZAHED, *La démarche de performance dans la gestion locale. Les collectivités territoriales face aux défis de la nouvelle gouvernance*, 2017.
PALMA-AMALRIC Valérie, *L'autonomie financière des autorités indépendantes*, 2017.
ALLOUARD Ophélie, *Les frontières fiscales dans l'Union européenne appliquées à la fiscalité des entreprises*, 2016.
DIOUKHANÉ Abdourahmane, *Les juridictions financières dans l'UEMOA. La Cour des comptes du Sénégal*, 2016.
EVINA OBAM Richard, *La politique discale au Cameroun depuis les années 1980*, 2016.
ONANGA OPISSINA Vianney, *Problématique de la TVA dans l'espace OHADA*, 2016.
EISINGER Thomas, *Les métamorphoses de la question tarifaire*, 2015.
CARUANA Nicolas, *La fiscalité environnementale. Entre impératifs fiscaux et objectifs environnementaux, une approche conceptuelle de la fiscalité environnementale*, 2015.
DAL VECCHIO Frédéric, *L'opposabilité des conventions de droit privé en droit fiscal*, préface de Thierry Lambert, 2014.
VAPAILLE Laurence (sous la direction de), *Refonder l'impôt sur le revenu ?*, 2013.
RIU Isabelle, *Sociétés et établissements stables en droit fiscal international et de l'Union européenne*, préface de Daniel Gutmann, 2012.
ALBERT Jean-Luc (sous la direction de), *Mélanges en l'honneur de Jean - Pierre Lassale, Gabriel Montagnier et Luc Saïdj. Figures lyonnaises des finances publiques*, 2012.

Dominique VILLEMOT

Le débat fiscal : une passion française

L'Harmattan

Ouvrages du même auteur

« *L'Harmonisation fiscale européenne* » (Que sais-je ? PUF, 1991, mis à jour en 1995)

« *La TVA européenne* » (PUF, 1994)

« *La fiscalité des fusions/acquisitions* » (PUF, 1995 ; EFE 2001, mis à jour en 2003, 2006 et 2010)

« *André Malraux et la politique* » (L'Harmattan, 1996, mis à jour en 2016)

« *Quelle réforme fiscale ?* » (L'Harmattan, 2007)

« *Marc-Aurèle et le gouvernement de soi-même* » (L'Harmattan, 2012)

« *La gauche qui gouverne* » (Privat, 2014)

« *Contentieux fiscal : ayez le réflexe de la question prioritaire de constitutionnalité* » (L'Harmattan, 2015)

« *François Hollande : le courage de réformer* » (Privat, 2016)

« *Le projet de révision constitutionnelle d'Emmanuel Macron)* (Démocratie Vivante, 2018)

Introduction

La fiscalité passionne les Français. À chaque élection présidentielle, la fiscalité occupe une place centrale dans les programmes des candidats. Traditionnellement la gauche mettait en avant la justice fiscale et la droite la baisse des impôts. Les gilets jaunes eux ont demandé les deux, car aujourd'hui, pour la très grande majorité des Français, comme l'a montré le grand débat national, les deux exigences vont de pair : la baisse des impôts signifie que leurs impôts doivent baisser et la justice fiscale que les impôts des « riches », c'est-à-dire de ceux qui ont un revenu supérieur au leur, doit augmenter.

En mai 2017, Emmanuel Macron a été élu sur un programme de baisses d'impôts massives : baisse de la taxe d'habitation, baisse des cotisations sociales salariales, remplacement de l'ISF par un impôt immobilier, l'IFI, baisse de la fiscalité sur les revenus du capital, mais son programme comportait aussi la hausse de la CSG et la hausse des taxes sur les carburants, mais elles étaient loin de compenser les baisses.

Mais ces baisses n'ont commencé à produire leurs effets que fin 2018. De ce fait, en 2017 le taux de prélèvements obligatoires (impôts et cotisations sociales) rapporté au PIB a en battu un record : il a atteint son plus haut niveau historique à 45,3 % (source : projet de loi de finances pour 2019).

Ensuite les hausses de la CSG pour les retraités et des taxes sur les carburants ont pris effet dès le 1er janvier 2018. Les Français ont donc eu l'impression qu'une fois de plus le président élu ne tenait pas ses promesses et qu'au lieu de baisser les impôts il les augmentait.

Les Français n'ont pas accepté la hausse des taxes sur les carburants ni celle de la CSG pour 60 % des retraités (retraités qui ne bénéficient pas des baisses de cotisations sociales salariales) et ils n'ont retenu des baisses d'impôts que la suppression de l'ISF, qui, par définition, ne profite qu'aux « riches ».

Le mouvement des gilets jaunes est parti du refus de ces mesures fiscales. Emmanuel Macron a dû, en conséquence, renoncer en décembre 2018 à l'augmentation des taxes sur les carburants et à celle de la CSG pour une partie des retraités, comme François Hollande avait dû renoncer à augmenter la fiscalité sur les plus-values de cession d'entreprises devant le mouvement des pigeons et abandonner l'écotaxe devant la révolte des bonnets rouges.

Et le grand débat national qu'Emmanuel Macron a lancé début 2019 pour répondre au mouvement des gilets jaunes, s'il portait au départ sur quatre grands thèmes (fiscalité et dépenses publiques, services publics, démocratie, écologie), a en définitive largement privilégié la thématique fiscale.

Le débat national a donc été principalement un débat fiscal, débat fiscal qui est une passion française, selon les mots même d'Emmanuel Macron.

Avant Emmanuel Macron, ses prédécesseurs avaient déjà éprouvé beaucoup de difficultés à cause de la fiscalité. Que ce soit Nicolas Sarkozy avec sa loi TEPA de réductions fiscales et son amélioration du bouclier fiscal, jugés injustes, ou François Hollande avec ras-le-bol fiscal que ses mesures ont suscité (forte augmentation de l'impôt sur le revenu, écotaxe).

Les grands objectifs de la politique fiscale

Il faut dire que la politique fiscale constitue un élément essentiel de la politique économique et sociale d'un pays. Les choix fiscaux effectués par les pouvoirs publics se traduisent par d'importantes conséquences, tant pour l'économie du pays pris dans son ensemble que pour la situation personnelle de chaque Français.

La politique fiscale peut ainsi être mise au service d'un objectif de soutien à l'économie et prendre alors, par exemple, la forme d'allègements d'impôts conjoncturels. À ce titre elle est inséparable de la politique budgétaire.

Elle peut aussi se traduire par des aides structurelles spécifiques en faveur d'un secteur ou d'une activité particulière (le logement ou la recherche, par exemple).

Les règles fiscales orientent aussi de manière décisive le choix des épargnants entre les différents produits offerts par les établissements financiers, ou les marchés, puisque le niveau des prélèvements fiscaux détermine la rentabilité des produits d'épargne. Accroître ou réduire la fiscalité pesant sur tel ou tel produit modifie alors le comportement des épargnants.

Le poids respectif des différents prélèvements (impôts sur le revenu, impôts sur la consommation, impôts sur le capital,) ainsi que leurs modalités de calcul (taux forfaitaire unique, taux réduits, taux progressifs) ont, par ailleurs, un impact sur la distribution des revenus et des patrimoines, et donc sur le modèle social du pays. Les impôts progressifs comme l'impôt sur le revenu et sur le patrimoine contribuent en effet à diminuer les inégalités, inégalités qui se sont accrues depuis une trentaine d'années, en France et chez nos voisins, avec la mondialisation.

Enfin, au plan macroéconomique, le montant des prélèvements obligatoires pesant sur les revenus et sur les patrimoines, mesuré en proportion du revenu national, est considéré comme révélateur du degré d'interventionnisme plus ou moins marqué de la puissance publique dans l'allocation des richesses du pays.

Pour toutes ces raisons, la politique fiscale constitue une des plus importantes manifestations de la souveraineté d'un État.

L'encadrement du pouvoir fiscal du Parlement national

Mais, depuis le début des années 1980, l'autonomie de la politique fiscale de la France s'est notablement réduite.

La politique fiscale fait en effet l'objet de contraintes de plus en plus fortes.

La première d'entre elles trouve son origine dans l'existence de déficits budgétaires constants, ce qui est le cas de notre pays depuis 1974, soit depuis quarante-cinq ans maintenant. Dans ces conditions, la politique fiscale est de plus en plus dépendante de la politique budgétaire, la fonction première de l'impôt étant, bien entendu, de financer la dépense publique.

Ensuite, et surtout, malgré le monopole d'adoption des textes fiscaux que lui confère l'article 34 de la Constitution le Parlement français n'est plus le seul détenteur du pouvoir de déterminer l'assiette et le taux de l'impôt sur le sol national :

- Le développement à partir de la fin des années 1950 d'un réseau de conventions fiscales internationales conclues par la France avec la plupart des autres pays, dont l'objet initial était d'éliminer les doubles impositions, a limité le pouvoir fiscal du Parlement dans l'ordre international. En effet constituant des traités internationaux, les conventions fiscales une fois régulièrement ratifiées après toutefois autorisation préalable du Parlement, ont, en application de l'article 55 de la Constitution, une valeur supérieure à la loi. La conclusion de conventions fiscales est coordonnée par l'OCDE qui a établi un modèle de convention. La crise financière de 2008/2009 s'est traduite, sous l'impulsion du G20, par une lutte accrue contre la fraude et l'évasion fiscale internationales. Les conventions fiscales internationales ont désormais un second objectif : la lutte contre les doubles non-impositions. L'OCDE a développé toute une stratégie en ce sens, dénommée BEPS, afin de lutter contre les multinationales qui pratiquent l'évasion fiscale internationale et contre les États qui pratiquent le dumping fiscal. L'OCDE, qui est devenue de fait l'organisation internationale de la fiscalité, a, en conséquence, mis au point une convention fiscale multilatérale à laquelle les différents États, dont la France, ont adhéré ;

- depuis les lois de décentralisation du début des années 1980, les différents niveaux de collectivités territoriales se sont vu transférer de nouvelles recettes fiscales et une plus grande liberté dans la détermination des taux des impôts locaux. Ce pouvoir fiscal a d'ailleurs été accru par la loi organique relative à l'autonomie financière des collectivités locales du 29 juillet 2004 ;

- la construction européenne a fortement limité le pouvoir fiscal des États nationaux, du fait tout d'abord de l'adoption de directives communautaires (notamment à partir de 1977 en matière de TVA et à partir de 1990 en matière d'impôt sur les sociétés), puis de la jurisprudence de la Cour de Justice de l'Union européenne en impôt sur les sociétés, à partir là aussi des années 1990. S'y ajoutent les contraintes du pacte de stabilité et de croissance européen (qui impose aux États membres de contenir le montant du déficit des finances publiques à 3 % du PIB et celui de la dette publique à 60 % de ce même PIB).

- Enfin l'adoption en 2008 d'une révision constitutionnelle créant la question prioritaire de constitutionnalité (QPC) qui est devenue effective à compter du 1er mars 2010, s'est traduite, un peu à la surprise générale, par un contrôle accru par le Conseil constitutionnel de la constitutionnalité des lois fiscales. Ce contrôle s'exerçait déjà dans le cadre du contrôle a priori, après le vote de la loi et avant sa promulgation, sur saisine par au moins 60 députés ou 60 sénateurs. Avec l'introduction de la QPC ce contrôle s'exerce aussi a posteriori, sur requête des contribuables. Dans le cadre du contrôle a priori le

Conseil constitutionnel a ainsi censuré en décembre 2012 la taxe de 75 % introduite au début du mandat de François Hollande. Puis, dans le cadre d'une QPC, il a censuré en octobre 2017 la contribution de 3 % sur les dividendes, introduite elle-aussi en 2012 au début du mandat de François Hollande. À l'occasion d'une QPC, procédure visant à vérifier que le texte de loi en cause respecte les droits et libertés garantis par la Constitution, le Conseil constitutionnel s'attache principalement à vérifier que la loi fiscale respecte les stipulations de la Déclaration des droits de l'homme et du citoyen de 1789, et plus particulièrement, mais pas seulement, le principe d'égalité, égalité devant la loi et égalité devant les charges publiques.

De plus, et d'une manière plus générale, l'internationalisation de notre économie et la mondialisation des marchés, phénomènes qui se sont accélérés à compter du milieu des années 1990, ne permettent plus de concevoir la politique fiscale dans un cadre purement national. Les capitaux sont complètement mobiles et une trop forte hausse de la fiscalité sur le capital ou sur les revenus du capital se traduit par une baisse des investissements étrangers en France, comme cela a été le cas au début du mandat de François Hollande. De même, un coût du travail trop élevé par rapport à celui existant chez nos voisins se traduit par des délocalisations d'emplois. C'est pour cette raison que François Hollande a fortement réduit les charges pesant sur le travail et que le programme fiscal sur lequel s'est fait élire Emmanuel Macron proposait de réduire à la fois la fiscalité pesant sur le travail et celle pesant sur le capital.

La multiplicité des paramètres que doivent gérer les pouvoirs publics (effets politiques, économiques, juridiques, sociaux, internationaux de leurs décisions) débouche en conséquence sur un système fiscal très complexe, dont les effets sont souvent mal compris par les citoyens, et souvent mal acceptés par les contribuables.

Parallèlement, la France se trouve confrontée depuis plusieurs années à deux défis économiques et sociaux majeurs, qu'elle n'arrive pas à surmonter :

- un chômage de masse endémique qui fragilise notre économie (par l'effet récessif qu'il exerce sur la croissance), même s'il commence à baisser de manière significative. L'importance du montant des prélèvements fiscaux et sociaux dans notre pays qui pèsent sur le travail (cotisations sociales, patronales et salariales, taxe sur les salaires), sur le capital (impôt sur les sociétés, imposition des dividendes) ou sur la production (CVAE, CFE, C3S) handicape notre économie dans la concurrence internationale. Heureusement certains dispositifs fiscaux, comme le crédit d'impôt recherche, sont, en revanche, bénéfiques et exercent un effet attractif important (de nombreux groupes internationaux ont leur centre de recherche implanté en France), mais ils sont peu nombreux,

- des difficultés sociales, qui touchent plusieurs catégories de personnes : les titulaires du RSA, les chômeurs, les retraités, les jeunes de moins de 25 ans, les femmes élevant seules leurs enfants, de nombreuses personnes issues de l'immigration. Or ces populations subissent une pression fiscale et sociale importante. Leurs revenus d'activité sont en effet assujettis aux cotisations sociales et à la CSG. Leurs revenus de remplacement (retraites, allocations de chômage) sont aussi soumis à la CSG (des exonérations sont cependant prévues pour les titulaires de faibles ressources). De plus, leur consommation est amputée de la TVA et leur logement est imposé à la taxe d'habitation (des exonérations de taxe d'habitation sont toutefois prévues au bénéfice de certaines personnes). De ce point de vue, la suppression de la taxe d'habitation prévue par Emmanuel Macron est une mesure de justice sociale qui se justifie complètement.

La fiscalité au cœur du débat droite-gauche

Mais pour autant les débats fiscaux qui animent notre pays de manière quasi permanente depuis une vingtaine d'années ont été parfois en décalage avec cette situation.

En effet, de 2002 à 2016, la droite et la gauche se sont affrontées sur les impôts progressifs comme l'impôt sur le revenu, l'ISF et les droits de succession et de donation. Cela a donné lieu à une lutte idéologique, assez décalée par rapport à la réalité économique et sociale du pays.

La droite s'est engagée dans la réduction du poids de ces impôts progressifs tout d'abord durant le quinquennat de Jacques Chirac (2002-2007) : réduction de la charge de l'impôt sur le revenu par abaissement des taux d'imposition, réduction des droits de donation, création d'un « bouclier fiscal » permettant de réduire l'ISF en limitant à 60 % du revenu le total formé par l'impôt sur le revenu, l'ISF, la taxe foncière et la taxe d'habitation.

Puis Nicolas Sarkozy a été élu en mai 2007 sur un programme de baisses d'impôts qui se situe d'une certaine manière dans la continuation de ce qui avait été fait durant les cinq années précédentes, même s'il s'agissait d'un projet de portée beaucoup plus vaste s'inscrivant dans une approche plus élaborée et plus réfléchie : abaissement du seuil de déclenchement du « bouclier fiscal » à 50 %, exonération des successions entre conjoints, exonération d'impôt sur le revenu, de CSG et de charges sociales des heures supplémentaires.

Ces différentes mesures de Nicolas Sarkozy, dites « paquet fiscal », ont été introduites dans la loi « en faveur du travail, de l'emploi et du pouvoir d'achat » (TEPA) du 21 août 2007.

Ensuite, durant son quinquennat il a abaissé la fiscalité des dividendes via l'introduction du prélèvement libératoire forfaitaire qui les ont fait sortir du barème progressif de l'impôt sur le revenu et, en 2011, il a baissé l'ISF en en relevant le seuil d'imposition.

Alors que la droite veut réduire la progressivité de l'impôt, la gauche, au contraire, veut l'augmenter. Ainsi dès 2012 François Hollande a massivement augmenté la progressivité de l'impôt sur le revenu (réintégration des dividendes dans le barème progressif, création d'une nouvelle tranche d'imposition à 45 %, abaissement du plafonnement du quotient familial), augmenté les droits de succession (création d'une nouvelle tranche à 45 % pour les successions en ligne directe) et de donation (le montant pouvant être donné en franchise de droits a été ramené à 100.000 euros tous les quinze ans) et créé une contribution exceptionnelle à l'ISF.

Le projet fiscal d'Emmanuel Macron

Emmanuel Macron est sorti de cet affrontement idéologique en adoptant une vision plus pragmatique, qui peut recouper dans certains cas, celle de la droite ou celle de la gauche.

Il a tout d'abord privilégié une approche économique visant à abaisser le poids des prélèvements sur les deux facteurs de production, le capital et le travail :

-baisse des impositions sur le capital productif : baisse du taux d'imposition sur les sociétés, remplacement de l'ISF par l'IFI et création de la flat tax sur les dividendes et plus-values de cession de titres. Il est alors sur la même longueur d'onde que la droite,
-baisse des impositions sur le travail : transformation du CICE en baisses de charges patronales (il poursuit ce qu'avait initié François Hollande), baisses de cotisations sociales salariales compensées par une augmentation de la

CSG (même chose que ce qu'avait Lionel Jospin), augmentation de la prime d'activité créée par François Hollande.

Il y a ajouté :

-une dimension écologique : accélération de la hausse de la taxe carbone créée par François Hollande, qui sera à l'origine du mouvement des gilets jaunes et à laquelle il devra renoncer,
-une dimension sociale : la suppression de la taxe d'habitation pour 80 % des ménages.

Il a évoqué, durant la campagne présidentielle, la perspective d'abaisser d'un point durant son mandat le niveau des prélèvements obligatoires (qui représentaient 45,3 % du PIB en 2017).

Ces baisses de prélèvements engagées par Emmanuel Macron apparaissent trop faibles au vu de beaucoup de Français, et notamment des gilets jaunes, même si elles sont d'un montant considérable. Mais il est vrai qu'en octobre 2018, lorsque le mouvement des gilets jaunes a démarré, les Français n'avaient pas encore vu la couleur de ces baisses d'impôts.

Emmanuel Macron a donc commencé en décembre 2018 par abandonner, partiellement, les deux seules hausses d'impôts qu'il avait prévues : la hausse de la taxe carbone, qui ne sera pas poursuivie en 2019, et la hausse de la CSG sur les retraités, qui, à partir de 2019, ne s'appliquera qu'aux 30 % de retraités le plus aisés, au lieu de 60 %.

Durant le grand débat national lancé par Emanuel Macron de mi-janvier à mi-mars 2019, les Français ont exprimé leur souhait de voir de nombreux impôts baisser, comme la CSG, la TVA sur les produits de première nécessité et les taxes sur les carburants. Le seul impôt qu'ils ont souhaité voir rétabli, c'est l'ISF.

Toutes ces baisses d'impôts apparaissent un peu surréalistes à un moment où la situation de nos finances publiques ne semble pas autoriser de nouveaux allègements fiscaux.

En effet, notre déficit des finances publiques s'est élevé encore en 2018 à 2,5 % du PIB. Nous sommes certes très en dessous du record de 2009 (7,2 % du PIB), mais en 2019, sous le double effet du remplacement du CICE par des allègements de charges, qui coûte très cher la première année) et des mesures « gilets jaunes », le déficit public devrait augmenter pour la première fois depuis 2009 et repasser légèrement et temporairement au-dessus du seuil de 3 %, pour normalement redescendre à 2,1 % en 2020.

Quant à notre dette publique, elle frôle les 100 % du PIB, soit très au-dessus du seuil minimal de 60 % fixé par le pacte européen de stabilité et de croissance. Le total de la dette publique s'élevait fin 2018 à environ 2.500 MM€, ce qui représentait en moyenne 37.500 euros par Français.

Le débat fiscal aujourd'hui

Les questions que l'on est amené à se poser sont alors les suivantes :

- Emmanuel Macron pourra-t-il réduire le poids de l'endettement public tout en réduisant nos prélèvements fiscaux et sociaux de manière aussi considérable ?

- Ces baisses d'impôts rendront-elles notre système fiscal plus juste et donc mieux accepté par les Français ? Le consentement à l'impôt, qui s'est beaucoup détérioré dans notre pays, va-t-il s'améliorer ?

Fournir des éléments de réponses à ces questions nécessite, tout en essayant d'apprécier les conséquences de la politique fiscale d'Emmanuel Macron, de prendre en compte différentes considérations :

- techniques : la fiscalité est une matière complexe,

- économiques : les modifications de la législation fiscale affectent l'allocation des facteurs de production entre les différentes entreprises ainsi que la détermination de l'équilibre économique,

- sociaux : la fiscalité affecte en effet la répartition des revenus entre les ménages,

- et politiques : la fiscalité fait en effet partie des sujets qui sont très sensibles politiquement. Depuis quelques années, elle est devenue un sujet anxiogène pour beaucoup de Français.

Le présent ouvrage expose les différents éléments du débat fiscal à l'aide de chiffres et de comparaisons internationales, analyse l'évolution des différents impôts en fonction des politiques menées depuis 25 ans par les gouvernements successifs et s'attache à aller au-delà des perceptions de ces politiques par l'opinion publique.

Plan de l'ouvrage

I. L'allergie des Français à l'impôt : du poujadisme aux gilets jaunes

II. L'alternance des baisses et des hausses d'impôts depuis 25 ans

III. À quoi servent nos impôts ?

IV. Les prélèvements obligatoires : un concept à manier avec prudence

V. Le débat sur la progressivité de l'impôt sur le revenu

VI. L'ISF : le seul impôt populaire

VII. L'impôt sur les sociétés, l'évasion fiscale internationale et la compétitivité

VIII. La suppression de la taxe d'habitation et le maquis de la fiscalité locale

IX. Fiscalité et écologie : le mariage impossible

X. La TVA, le meilleur impôt ?

XI. La lutte contre la fraude et l'évasion fiscales

XII. Fiscalité et démocratie : démocratie participative versus démocratie représentative

CHAPITRE I
L'ALLERGIE DES FRANÇAIS À L'IMPOT : DU POUJADISME AUX GILETS JAUNES

Personne bien entendu ne prend plaisir à acquitter ses impôts, mais peu de peuples manifestent une allergie aussi forte à la fiscalité que le peuple français.

Tous les Français estiment payer trop d'impôts. Les agriculteurs se disent étranglés par la fiscalité. Les commerçants et artisans se plaignent qu'ils supportent beaucoup trop de charges fiscales et sociales et qu'ainsi on décourage l'initiative individuelle. Nos entreprises disent qu'elles ne peuvent pas faire face à la concurrence internationale du fait du poids des charges sociales, de l'impôt sur les sociétés et des impôts de production (CVAE...). Nombre de Français se plaignent chaque année à la rentrée de septembre de devoir payer le solde de l'impôt sur le revenu ainsi que la taxe d'habitation... Sur ce dernier point au moins, l'instauration du prélèvement à la source et la suppression progressive de la taxe d'habitation vont changer les choses.

Tous se plaignent des contrôles de l'administration fiscale et de son comportement inquisiteur et tatillon.

Tout cela dure depuis des dizaines d'années, voire plus.

Mais, si toutes ces critiques étaient fondées et justifiées, le pays aurait dû depuis longtemps connaître un déclin économique considérable et se vider de ses énergies et de sa puissance économique.

Or il n'en a rien été ; malgré ce sentiment d'être écrasée par le poids de l'impôt, la France a connu de fortes périodes de développement et de croissance, notamment de 1997 à 2001. Elle est la sixième puissance économique et connaît de beaux succès dans les secteurs des biens de consommation (luxe, agroalimentaire), des services (informatique, notamment) ou de l'industrie de pointe (recherche, aéronautique).

Il ne s'agit pas, bien entendu, de nier ici les difficultés économiques et sociales auxquelles notre pays est confronté, qui sont nombreuses et qui se sont accrues depuis 2002 (endettement public, déficit commercial extérieur, désindustrialisation, précarisation d'une partie de la population…), ni de prétendre que toutes les critiques émises à l'encontre de notre système fiscal sont infondées, mais tout simplement de rappeler la dimension historique et culturelle de la relation des Français à l'impôt.

Cinq raisons semblent expliquer l'allergie française à la fiscalité.

La première est historique, et remonte à la création de notre socle de valeurs nationales, c'est-à-dire à la Révolution française. Celle-ci a notamment trouvé son origine dans une révolte contre un système fiscal injuste, celui de l'Ancien Régime, qui frappait les classes productives, que l'on appelait le Tiers État, c'est-à-dire les paysans, les artisans, les commerçants et exonéraient ceux qui bénéficiaient de privilèges, comme la noblesse et le clergé.

Notre mentalité est restée très marquée par cette culture de révolte antifiscale, qui remontait à une époque encore plus ancienne, celles des Jacqueries. Chaque Français se voit comme un productif accablé par l'impôt et obligé de payer pour les autres qui sont des privilégiés. Chacun, selon son statut ou sa culture, a sa vision du privilégié : cela peut être le fonctionnaire, l'assisté, le grand patron, l'homme politique…

Notre nation s'est construite au dix-huitième siècle contre l'impôt en renversant le régime monarchique qui prélevait des impôts injustes, mais pour autant la Révolution ne s'est pas traduite par un véritable changement de l'organisation du pouvoir fiscal. Celui-ci est resté l'apanage d'un pouvoir exécutif fort et centralisé : la Convention, l'Empire, la Restauration, le Second Empire… et ce jusqu'à la IIIe République qui a instauré un régime parlementaire par lequel le pouvoir exécutif ne peut lever l'impôt que s'il y a été auparavant autorisé par le Parlement.

Par comparaison, la démocratie anglaise s'est construite beaucoup plus tôt, dès le treizième siècle, et de manière totalement différente, en retirant au pouvoir exécutif le pouvoir de fixer l'impôt pour le confier au Parlement.

Nous sommes donc un peuple qui entre régulièrement en rébellion contre le pouvoir fiscal du souverain, le Roi hier, le président de la République aujourd'hui, ou plus simplement l'État.

La deuxième raison à notre allergie à l'impôt n'est pas sans lien avec la première. Il s'agit de la difficulté à établir des relations sereines entre les contribuables et l'administration fiscale.

Cette situation de conflit latent, permanent entre l'administration fiscale et les contribuables tient, bien entendu, à la nature même de la fonction de l'administration : collecter l'impôt qui est dû. Dans tous les pays, par définition, les relations sont difficiles, comme elles le sont entre toutes les administrations répressives (police, gendarmerie, douanes...) et les usagers.

Mais en France ces relations sont empreintes de suspicions réciproques. Notre culture d'État fort et centralisé, représentant de l'intérêt général face aux intérêts particuliers, qui date au moins de l'époque de Colbert et qui a été renforcée par l'administration napoléonienne et confirmée par la Vème République gaulliste, a pu donner à l'administration fiscale le sentiment qu'elle est détentrice d'une mission de redresseur de torts. On a parfois l'impression qu'elle considère détenir seule la vérité ; elle entend défendre l'intérêt collectif, alors que les contribuables ne représentent à ses yeux que des intérêts catégoriels et cherchent constamment à payer moins d'impôt que ce qu'ils devraient.

Quant aux contribuables, déjà méfiants vis-à-vis de l'État, comme rappelé ci-dessus, ils se disent irrités par cette attitude de l'administration. Ce comportement est accru par la culture du contrôle fiscal qui s'est développée en France tout particulièrement depuis les années 1950 et surtout 1970. Plutôt que de privilégier une approche en amont, consistant à assurer une bonne assiette de l'impôt, l'administration française a en effet souvent préféré privilégier une approche en aval, fondée sur des contrôles fiscaux approfondis. Les fonctionnaires des impôts sont formés à cette culture et jugés sur les résultats du contrôle fiscal.

La première impulsion en faveur de cette mise en avant du contrôle fiscal date des années 1950 et s'est heurtée alors au mouvement poujadiste, mouvement anti-impôts proche de l'extrême droite et des partisans de l'Algérie française, qui est arrivé à faire élire de nombreux députés en 1956, dont le jeune Jean-Marie Le Pen. La seconde, impulsée fin des années 1960 début des années 1970, notamment lorsque Valéry Giscard d'Estaing était ministre des Finances, a débouché sur les manifestations anti-impôts du CID-UNATI, proche de la droite.

La situation s'est améliorée ensuite avec l'institution de procédures protectrices des contribuables vérifiés, à la fin des années 1970 et durant les années 1980. Depuis une quinzaine d'années, l'administration fiscale a engagé toute une série d'actions visant à mieux informer les contribuables et à développer les relations entre l'administration et ses usagers ; cela s'est notamment traduit par l'adoption, en septembre 2005, de la Charte des contribuables. L'administration s'est modernisée, a massivement adopté Internet et ses agents sont de plus en plus attentifs à écouter les contribuables et à les aider. De même, à l'occasion de l'introduction du prélèvement à la source de l'impôt sur le revenu, la Direction générale des finances publiques, (la DGFIP) a beaucoup investi dans le contact avec les contribuables et dans la pédagogie de la réforme. L'administration a adopté la bonne démarche, mais bien entendu il faut du temps avant que n'évoluent les mentalités, que ce soit celle des vérificateurs ou celle des contribuables.

La troisième raison tient à l'attitude de nos dirigeants politiques. Ils ont souvent peur des réactions des Français et hésitent donc à leur tenir un discours de vérité en matière fiscale. En retour les Français se méfient de leurs dirigeants politiques et les suspectent facilement de ne pas tenir leurs promesses. Les vainqueurs des quatre dernières élections présidentielles ont d'ailleurs tous les quatre, été élus sur un programme comportant une partie fiscale importante.

Jacques Chirac l'a été en 2002 en promettant des baisses d'impôts, qu'il a réalisées (baisse de l'impôt sur le revenu et de la taxe professionnelle).

Nicolas Sarkozy l'a été en 2007 lui aussi sur un programme de baisses d'impôts. Mais très vite sa loi TEPA a été perçue comme injuste, car ne profitant qu'aux plus aisés (baisse des droits de succession et de donation, amélioration du bouclier fiscal pour les redevables de l'ISF), ce qui n'était pas exact, car la loi TEPA avait aussi exonéré d'impôts sur le revenu, de CSG et de charges sociales les heures supplémentaires des salariés.

François Hollande l'a été sur un programme de justice fiscale et de création d'un impôt sur le revenu plus citoyen et plus progressif. Les hausses massives d'impôts (création d'une nouvelle tranche d'impôt sur le revenu, durcissement du plafonnement du quotient familial, intégration des dividendes au barème progressif, suppression de l'exonération des heures supplémentaires) qui ont marqué le début de son quinquennat ont été là aussi perçues comme injustes, car frappant les classes moyennes et ont débouché sur un ras-le-bol fiscal. Le projet d'intégration au barème progressif des plus-values de cessions d'entreprises a déclenché le mouvement des « pigeons » soutenu par la droite. Ensuite la création de l'écotaxe en 2013 aura été la goutte qui a fait déborder le vase et mis les bonnets rouges, proches eux-aussi de la droite et de l'extrême droite, dans la rue.

Emmanuel Macron a aussi été élu sur un programme comportant de nombreuses baisses d'impôts (taxe d'habitation, cotisations sociales salariales, remplacement de l'ISF par l'IFI, imposition des dividendes à une « flat tax », impôt sur les sociétés), mais aussi, dans une moindre mesure, des hausses d'impôts (hausse de la CSG et de la taxe carbone).

Comme les hausses d'impôts se sont appliquées début 2018 et que les baisses d'impôts ne sont venues que fin 2018, les Français ont là aussi eu le sentiment que le nouveau président élu ne respectait pas ses engagements, ce qui n'était pas exact, mais le décalage dans le temps des baisses d'impôts a coûté cher politiquement au nouveau président, qui a dû affronter la révolte des gilets jaunes en novembre 2018, au moment où, paradoxalement, les Français commençaient à bénéficier de la suppression des cotisations sociales salariales maladie et chômage et de la baisse de 30 % de la taxe d'habitation.

Le résultat des élections européennes du 26 mai 2019 a montré que le mouvement des gilets jaunes, même s'il a été soutenu par la France insoumise de Jean-Luc Mélenchon, a surtout bénéficié électoralement à l'extrême droite, au Rassemblement national.

D'une manière générale les révoltes antifiscales sont soutenues par la droite et/ou par l'extrême droite, deux familles politiques hostiles aux impôts trop lourds et aux contrôles fiscaux trop sévères. Mais, ces familles politiques ne peuvent déclencher des révoltes antifiscales que si elles sentent que l'opinion publique est réceptive.

La fiscalité est certes un domaine très technique, mais d'autres le sont aussi comme l'urbanisme ou ce qui relève de la défense nationale, par exemple, mais pour autant, ses enjeux sont éminemment politiques. Faire des propositions fiscales, c'est prendre le risque de s'attirer l'hostilité d'une partie de l'électorat, mais refuser de se prononcer sur ce sujet entraîne une perte de crédibilité, ou pire crée de la méfiance, car les électeurs savent bien que tout nouveau gouvernement devra prendre des mesures dans ce domaine et ils souhaitent participer à l'élaboration de la décision. C'est la règle de la démocratie.

Deux fois les Français ont eu la très forte impression que le président élu tournait le dos à son programme.

La première fois ce fut en 1995 lorsque Jacques Chirac s'est fait élire sur le thème de la fracture sociale, sur un slogan « la feuille de paye n'est pas l'ennemie de l'emploi », et contre la pensée dite unique de Maastricht. Puis en septembre de la même année, son gouvernement, dirigé par Alain Juppé, annonçait toute une série de hausses d'impôts : de l'impôt sur le revenu, de la TVA, de l'impôt sur les sociétés, de l'ISF. Aucune d'entre elles n'avait été annoncée par le candidat Jacques Chirac ; pire elles furent justifiées par la nécessité de respecter les engagements pris dans le cadre du traité de Maastricht, dont les conséquences avaient été tant critiquées par le candidat pendant la campagne électorale.

Ce revirement politique et la méfiance qui en est résultée de la part des électeurs annonçaient les trois évènements politiques majeurs qui ont ensuite affecté la présidence de Jacques Chirac : la dissolution ratée de 1997, le 21 avril 2002 et le non au référendum sur le traité européen de 2005.

La seconde fois ce fut en 2012 lorsque François Hollande se fit élire sur le thème de la justice fiscale. Une de ses soixante propositions consistait à créer un grand impôt sur le revenu citoyen et progressif, fusionnant l'impôt sur le revenu et la CSG et réduisant fortement les niches fiscales. Or il renonça à ce projet dès son élection et, au début de son mandat, il augmenta massivement l'impôt sur le revenu des classes moyennes et aisées, sans baisses d'impôts pour les plus faibles, adoptant une vision purement budgétaire de la fiscalité. Il est vrai qu'il hérita d'une situation budgétaire catastrophique, mais il ne sut pas faire œuvre de pédagogie, ignorant son programme dès l'élaboration de la loi de finances rectificative qu'il fit voter en juillet 2012, sans expliquer aux Français pourquoi il avait changé de fusil d'épaule. La baisse des prélèvements sur les entreprises, qu'il engagea dès novembre 2012 avec le CICE et qu'il amplifia avec les baisses de charges patronales en 2014, lui attira en plus l'hostilité d'une bonne partie des socialistes, les fameux « frondeurs », qui l'empêchèrent de se représenter en 2017 en lui imposant de passer par une primaire, cas unique sous la Vème République où le président a toujours pu compter sur son parti pour se représenter.

Autre défaut imputé à notre classe politique : le goût pour les interventions politiques sur les dossiers fiscaux particuliers. Des ministres ont été soupçonnés de vouloir utiliser le contrôle fiscal à des fins politiques ou de vouloir accorder des avantages fiscaux à leurs amis. De ce fait, les Français ne sont pas complètement convaincus de l'indépendance de l'administration fiscale vis-à-vis du pouvoir politique. Or, en réalité, depuis l'affaire Woerth-Bettencourt de 2010 et la suppression de la cellule fiscale qui était placée auprès du ministre, l'administration fiscale est devenue totalement indépendante du pouvoir politique et a gagné, en conséquence, en puissance. Mais l'affaire Cahuzac de 2013 a, à nouveau, jeté la suspicion sur la classe politique.

La quatrième raison à l'allergie des Français à la fiscalité tient au mode de perception de l'impôt sur le revenu. En France, jusqu'au 1er janvier 2019, il était acquitté par les contribuables eux-mêmes. Ainsi un salarié commençait d'abord par encaisser la totalité de son salaire, avant d'en restituer une partie à l'État l'année suivante. Il avait donc un sentiment d'appauvrissement, et ce, d'autant plus qu'il avait peut-être entre-temps dépensé la totalité de ce qu'il avait encaissé.

Dans tous les autres États modernes, l'impôt sur le revenu est prélevé à la source par l'employeur depuis des années. Cette modalité a été introduite en Allemagne dès les années 1920 et dans les pays anglo-saxons (États-Unis, Royaume-Uni, Canada) durant la Seconde Guerre mondiale. Le prélèvement est alors indolore.

Cela explique que l'essentiel des débats fiscaux en France se focalise traditionnellement sur l'impôt sur le revenu. Or ce dernier représente un prélèvement nettement inférieur à celui représenté par la TVA, qui rapporte deux fois et demi ce que rapporte l'impôt sur le revenu, ou par la CSG, qui rapporte 50 % de plus que l'impôt sur le revenu progressif.

Cette allergie à l'impôt sur le revenu se traduit par une baisse régulière de la part de cet impôt dans nos recettes fiscales, car les gouvernements de droite (et de gauche, comme celui de Lionel Jospin, mais pas celui de François Hollande qui l'a augmenté massivement) abaissent régulièrement son niveau. Emmanuel Macron n'a pas échappé à la règle après le grand débat. Les pertes de recettes en résultant pour l'Etat sont alors compensées par la hausse d'autres prélèvements qui sont indolores, comme la CSG.

L'introduction du prélèvement à la source en France au 1er janvier 2019 a donc été une bonne réforme de gouvernance fiscale.

La mise en place à compter de 2006 de la déclaration pré remplie de revenus avait permis de résoudre un premier obstacle technique. La mise en place de la retenue à la source exige en effet du système informatique de l'administration fiscale qu'il rapproche de façon sécurisée les données informatiques fournies par les payeurs des revenus de celles déclarées par les contribuables. Ce fut donc chose faite avec la déclaration préremplie.

L'administration fiscale était alors prête à mettre en place cette retenue à la source, comme l'avait confirmé début 2007 le ministre de l'Économie, des Finances et de l'Industrie de l'époque, Thierry Breton.

Mais Nicolas Sarkozy n'a pas souhaité mettre en place cette réforme.

C'est sous François Hollande, à l'initiative de Michel Sapin que la loi introduisant la retenue à la source a été adoptée en 2016. Elle devait initialement s'appliquer au 1er janvier 2018, mais Emmanuel Macron a décalé d'un an cette application, qui a donc pris effet au 1er janvier 2019.

L'instauration du prélèvement à la source bénéficie aux personnes qui voient leurs revenus baisser (départ à la retraite, entrée dans le chômage, baisse du salaire), car ces personnes verront leur impôt diminuer immédiatement, alors qu'actuellement elles doivent attendre un an avant de voir leur impôt baisser.

En revanche, elle pénalise, par rapport à la situation antérieure, celles qui voient leurs revenus augmenter (entrée des jeunes dans la vie active, reprise d'un emploi, hausse du salaire). Mais il est équitable que les personnes qui connaissent une amélioration de leur situation financière contribuent à aider celles qui ont des difficultés.

La cinquième raison à l'allergie fiscale française tient au ralentissement de la progression du pouvoir d'achat depuis dix ans, c'est-à-dire depuis la crise financière de 2008/2009. Lors d'un débat organisé à l'Assemblée nationale par Démocratie Vivante le 13 février 2018 sur le thème « fiscalité, dépenses publiques et modèle social », Eric Heyer, économiste à l'OFCE, a bien montré la rupture de la progression du pouvoir d'achat entre la décennie 1997-2007 et la décennie 2008-2018.

De 1997 à 2007, le revenu disponible des ménages a augmenté de 20,1 %, soit de 1,8 % par an en moyenne.

De 2008 à 2018, il n'a augmenté que de 1,3 %, soit de 0,1 % par an en moyenne. En fait, il a continué à augmenter jusqu'en 2010 puis baissé entre

2010 et 2013, pour remonter ensuite et presque retrouver en 2018 son niveau de 2010.

Cette différence entre les deux décennies s'explique par la conjonction de deux éléments.

Le chômage tout d'abord. Celui-ci baisse entre 1997 et 2007 pour augmenter fortement ensuite entre 2008 et 2015, avant de recommencer à baisser, mais à un rythme lent.

Le second élément est la très forte augmentation des impôts sur les ménages.

Entre 1997 et 2007, les prélèvements obligatoires sur les ménages passent de 26,5 % du PIB à 25 %, soit une baisse de 1,5 % de PIB.

Entre 2008 et 2018, ce poids des prélèvements obligatoires sur les ménages passe de 25 % à 28,5 %, soit une augmentation de 3,5 %, ce qui est considérable.

Pendant la même période (2008 à 2018) les prélèvements obligatoires sur les entreprises sont restés stables à 25 % du PIB : la forte hausse de l'impôt sur les sociétés a été compensée par les baisses de charges et le CICE.

La hausse des impôts, nécessitée par la réduction du déficit budgétaire, commencée à la fin du mandat de Nicolas Sarkozy, poursuivie durant tout le quinquennat de François Hollande et au début du mandat d'Emmanuel Macron s'est donc faite exclusivement sur les ménages, les ménages aisés, mais aussi les ménages appartenant aux classes moyennes. Ces hausses ont porté sur environ la moitié des ménages. Pas étonnant donc que nous ayons eu le mouvement des « pigeons », puis celui des bonnets rouges et enfin celui des gilets jaunes.

Il faut dire que sur ces vingt années, la France, comme les autres pays de la zone euro, a pratiqué une politique budgétaire et fiscale procyclique, c'est-à-dire une politique qui amplifie le cycle économique au lieu de le corriger, à rebours complet de la théorie keynésienne qui préconise une politique budgétaire contracyclique, c'est-à-dire expansionniste en période de croissance faible et récessive en période de forte croissance.

En période de croissance et donc de bonnes rentrées fiscales, comme cela a été le cas en 2000-2001 (épisode de la cagnotte sous le gouvernement de Lionel Jospin) ou en 2005-2007, les gouvernements ont redistribué aux

Français une partie de ces rentrées fiscales sous forme de réductions d'impôts plutôt que de les utiliser pour réduire la dette publique. De ce fait, lorsque l'économie s'est retournée avec la crise financière de 2008-2009, le déficit public a explosé (7,2 % du PIB en 2009), ce qui a obligé les gouvernements à augmenter très fortement les impôts en période de ralentissement économique (2012-2014), empêchant la croissance de repartir et faisant augmenter le chômage.

Heureusement, le traité budgétaire européen de 2012 a introduit comme indicateur de déficit public, à côté du déficit nominal, la notion de déficit structurel, qui consiste à recalculer le déficit public en neutralisant la baisse des recettes fiscales due à la faiblesse de la croissance.

Indiscutablement, la France a payé, et paie encore son comportement de cigale des années 2000. L'Allemagne a profité des recettes fiscales dues à la croissance pour se réformer et pouvoir ensuite aborder dans de bonnes conditions la crise financière et le ralentissement de la croissance, alors que la France, de 2000 à 2010, les a utilisées pour réduire les impôts. Il a fallu ensuite reprendre aux Français ce qui leur avait été donné. C'est François Hollande qui a dû faire le « sale boulot » consistant à reprendre aux Français ce que Lionel Jospin, Jacques Chirac et Nicolas Sarkozy leur avaient donné.

Mais 2019 constitue un tournant historique. La politique d'austérité a pris fin mi-2018, après sept années d'application. Le pouvoir d'achat des Français augmente de manière très importante, notamment du fait de l'effet des baisses d'impôts : la suppression des cotisations salariales maladie et chômage prend son plein effet, une nouvelle baisse de la taxe d'habitation pour 80 % des foyers interviendra à l'automne, la suppression de la hausse de la CSG pour 30 % des retraités s'applique depuis le 1er janvier, l'augmentation très forte de la prime d'activité, l'exonération sociale des heures supplémentaires, la prime défiscalisée…

Cela devrait doper la consommation des ménages et la croissance qui de ce résiste mieux que dans les autres pays de la zone euro.

La contrepartie de ces baisses d'impôts est en effet une nouvelle augmentation du déficit public, la première depuis 2010, déficit qui devrait repasser en 2019 au-dessus de 3 % du PIB (probablement 3,1 %). Il est vrai que la transformation du CICE en baisse de charges en 2019 coûte près de 0,9 % de PIB en 2019. À structure de dépenses publiques et de recettes fiscales inchangée, le déficit devrait mécaniquement redescendre à 2,2 % du PIB en 2020.

CHAPITRE II
L'ALTERNANCE DES BAISSES ET DES HAUSSES D'IMPÔTS DEPUIS 25 ANS

Depuis un quart de siècle, depuis 1995 et l'élection de Jacques Chirac, la France a alterné des périodes de hausses d'impôts (1995-1999 et 2011-2017) et des périodes de baisses d'impôts (2000-2010 et depuis 2018).

On pourrait penser que ce jeu de yoyo est la conséquence des nombreuses alternances politiques que nous avons connues depuis 25 ans. En effet la droite et la gauche s'affrontent à chaque élection sur la question fiscale.

Traditionnellement, et de manière un peu schématique, les partis se réclamant de la droite :

- privilégient l'initiative privée par rapport à l'intervention publique, ce qui implique une pression fiscale globale pas trop élevée,
- et font confiance à une politique de l'offre pour soutenir l'économie, politique de l'offre qui passe par des aides fiscales pour les entreprises (allègements de cotisations sociales, aides fiscales à l'investissement) ou pour les contribuables disposant de fortes capacités à investir.

En revanche, les partis de gauche:

- estiment que l'impôt est un instrument au service de la solidarité nationale, ce qui implique une pression fiscale globale relativement élevée pour financer la protection sociale, et des impositions progressives pesant proportionnellement plus sur les revenus et les patrimoines élevés,
- et font confiance à une politique de la demande pour soutenir l'économie c'est-à-dire à des incitations fiscales ciblées sur la consommation (baisse de la TVA) ou les bas revenus.

Cette opposition avait été en partie gommée durant les « trente glorieuses » (1945-1975), époque où la croissance française était forte, où dominait la pensée économique keynésienne et où l'économie française n'était pas véritablement confrontée à la concurrence internationale. Ainsi la politique fiscale, suivie par les différents gouvernements gaullistes (de 1958 à 1974), peut difficilement être qualifiée de droite ou de gauche.

Quant à la politique fiscale suivie sous le septennat de Valéry Giscard d'Estaing (1974 à 1981), période qui a immédiatement suivi la fin des « trente glorieuses » et pendant laquelle la droite « libérale » a remplacé le gaullisme à la tête du pays, il est difficile de la qualifier de politique de droite. C'est en effet à cette époque que le poids des prélèvements obligatoires dans le PIB national a le plus augmenté, puisqu'il a cru en moyenne de 1 % par an. Sous le quinquennat de Valéry Giscard d'Estaing, la pression fiscale est en effet passée de 35 % du PIB à 42 %, et ce pour financer une politique sociale généreuse. C'est à ce moment-là que notre modèle social a été construit, pour compenser économiquement et socialement la fin des « trente glorieuses ».

Ce n'est en fait qu'à compter de 1986 et l'arrivée au pouvoir du gouvernement dont Jacques Chirac (Premier ministre) et Édouard Balladur (ministre de l'Économie et des Finances) étaient les principaux protagonistes que la droite française est revenue à un discours plus classique, privilégiant dans ses discours, à partir de cette date-là, à la fois la baisse de l'impôt sur le revenu et celle de l'imposition de la fortune, et ce à chaque campagne électorale qui précéda son accession au pouvoir (en 1986, 1993, 2002 et 2007). Elle l'a fait sous l'impulsion de la pensée ultralibérale de la droite anglo-saxonne (Reagan, Thatcher) et en réaction aux fortes augmentations d'impôts de la gauche entre 1981 et 1983.

Ces discours ont été à chaque fois critiqués par la gauche comme étant le reflet d'une politique socialement injuste.

Mais les actes des différents gouvernements, de droite ou de gauche, ne se sont pas toujours conformés aux discours tenus pendant les campagnes électorales précédant leur accession aux responsabilités :

- ainsi un des deux gouvernements qui a le plus augmenté la pression fiscale (avec celui de Jean-Marc Ayrault en 2012-2014) est indiscutablement un gouvernement de droite, celui d'Alain Juppé (1995 à 1997) : augmentation de la TVA, de l'impôt sur le revenu, de l'impôt sur les sociétés et de l'ISF,

- alors que celui qui a le plus abaissé la pression fiscale, avant Emmanuel Macron, est indiscutablement un gouvernement de gauche, celui de Lionel Jospin (1997 à 2002) : baisse de la TVA, de l'impôt sur le revenu, de l'impôt sur les sociétés, de la taxe professionnelle, de la taxe d'habitation, suppression de la vignette automobile pour les particuliers et du droit de bail.

- Le gouvernement qui pratiqué la politique de soutien de la demande la plus keynésienne est un gouvernement de droite, celui de François Fillon en 2009-2010, pour éviter que l'économie ne s'effondre suite à la crise financière.

- Ceux qui ont le plus pratiqué la politique de l'offre sont les gouvernements de gauche de Jean-Marc Ayrault et Manuel Valls, qui ont abaissé d'environ 40 milliards d'euros, soit 2 % du PIB, les charges des entreprises, via le CICE et les baisses de cotisations sociales patronales.

À chaque fois, ces politiques à front renversé ont coûté cher à leurs auteurs. Le comportement fiscal du gouvernement d'Alain Juppé explique en grande partie la défaite de la droite aux élections législatives de 1997. Quant à Lionel Jospin, il n'a pas bénéficié, lors de l'élection présidentielle de 2002, des baisses d'impôt qu'il avait effectuées ; il ne les a pas mises en avant durant sa campagne, car elles ne correspondaient pas à son discours politique et elles n'avaient peut-être pas été comprises de son électorat. En 2012 la droite a reproché à Nicolas Sarkozy de ne pas avoir appliqué son programme de réformes libérales. En 2017 François Hollande n'a pas pu se représenter, car la plupart des personnes de gauche considéraient que sa politique n'était pas socialiste, mais libérale.

Cette distorsion entre les programmes et les actes peut s'expliquer par trois raisons.

La première est politique. Chaque camp a besoin de donner des gages à ceux qui a priori ne le soutiennent pas. La gauche doit montrer qu'elle est consciente des problèmes des entreprises, la droite qu'elle n'oublie pas le financement des politiques sociales. La gauche lorgne vers le centre droit et la droite vers le centre gauche. C'est classique.

Le deuxième tient à l'état de la conjoncture économique. En période de croissance élevée, les recettes fiscales rentrent bien et le gouvernement peut alors profiter des plus-values fiscales engendrées par la croissance pour financer des baisses de taux d'impôt. Comme indiqué plus haut c'est essentiellement ce qu'a fait le gouvernement Jospin durant la période 2000-2002. À l'inverse, en période de croissance faible, les recettes fiscales rentrent mal et le gouvernement doit augmenter les taux d'imposition pour éviter un dérapage du déficit public. C'est ce qui est arrivé à Alain Juppé en 1995 et à François Hollande en 2012.

La troisième raison tient à la dépendance de l'économie française vis-à-vis de son environnement extérieur.

La politique fiscale ne peut plus, bien entendu, être conçue dans le seul cadre national et cela pour des raisons, à la fois :

- d'ordre économique : l'internationalisation de l'économie française et la mondialisation des marchés, qui se sont nettement accélérées à partir du milieu des années 1990, ont très fortement accru les déplacements transfrontaliers des biens, des capitaux et des personnes. La matière imposable est mouvante et de moins en moins rattachable à un territoire. Dans ce contexte, la France se trouve constamment en concurrence fiscale directe avec ses principaux partenaires économiques,

- d'ordre juridique : le droit de l'Union européenne (qu'il s'agisse des traités européens, des directives, ou de la jurisprudence de la Cour de justice de l'Union européenne) encadre de plus en plus notre droit fiscal, qui ne peut se déployer qu'en respectant ces contraintes.

Dans ces conditions, la politique fiscale française doit constamment s'adapter à un environnement extérieur mouvant et l'opposition entre la droite et la gauche s'en trouve fortement amoindrie.

1. La marge de manœuvre des pouvoirs publics est réduite par la mobilité internationale de l'assiette fiscale

L'internationalisation croissante des économies, et notamment de l'économie française, constitue un défi de grande ampleur pour notre économie nationale, et par conséquent pour son système fiscal.

Les biens, les personnes, les capitaux se déplacent en effet de plus en plus, de manière temporaire ou définitive.

Durant ces vingt-cinq dernières années, l'économie mondiale a radicalement changé, sous l'influence de l'importante évolution du mode de fonctionnement du système capitaliste. Nous commençons seulement à bien l'appréhender.

Ainsi que l'a écrit Daniel Cohen dans son ouvrage *Nos temps modernes* : « *Tout reste à penser du monde où nous entrons, de la place du capital financier à celui de la politique économique* ».

La matière imposable n'est plus stable géographiquement. La concurrence entre les entreprises s'exerce sur un marché qui n'est plus national, ni même européen, mais mondial. De ce fait, les États entrent dans cette compétition et cherchent à protéger leur marché, même ceux qui comme les États-Unis invoquent le libre-échange. Les États-Unis subventionnent en effet leurs exportations agricoles ou leur constructeur aéronautique Boeing ; de même, ils utilisent l'outil fiscal pour protéger leur économie de la concurrence internationale. Cela est particulièrement vrai avec la réforme fiscale de Donald Trump qui a pour objectif de pénaliser les importations de biens et de services et de favoriser le rapatriement aux États-Unis des capitaux investis à l'étranger par les multinationales américaines.

Certains États font ainsi de la fiscalité un produit d'appel en créant des régimes fiscaux attractifs, afin d'attirer chez eux des capitaux, des entreprises ou des emplois.

C'est le cas, par exemple, de la Suisse, du Luxembourg, des Pays-Bas, de l'Irlande...

La situation est cependant différente selon les impôts, et donc selon qu'ils frappent les biens, les personnes ou les capitaux.

a. Les biens

En matière de TVA ou de droits d'accises (taxes frappant la consommation d'alcools, de tabacs et de produits pétroliers), les écarts de taux entre les États, lorsqu'ils sont significatifs, peuvent orienter la consommation vers tel ou tel pays, ces écarts de charges fiscales entre les États de la zone euro étant facilement appréhendables par les consommateurs du fait que les prix sont fixés dans la même monnaie.

Les arbitrages sur les taux d'impôt peuvent se traduire soit par la mobilité des consommateurs (qui se déplacent d'un État à un autre pour y effectuer leurs achats d'alcools, de tabacs ou d'essence, par exemple) ou des biens (lorsqu'ils sont facilement transportables).

Ce problème est particulièrement crucial aux frontières. Les frontaliers peuvent en effet facilement faire des allers et retours d'un État à l'autre dans la journée ; nombre d'entre eux d'ailleurs travaillent dans un État différent de celui où ils habitent. Les Britanniques utilisent ainsi le tunnel sous la Manche pour venir acheter en France du vin et des alcools qui y sont moins taxés qu'au Royaume-Uni.

Cela dit, malgré la réalisation du grand marché intérieur et l'introduction de l'euro, les prix hors taxes restent encore très différents d'un pays européen à l'autre, et la fiscalité indirecte n'est donc qu'une des composantes du prix total que le consommateur doit acquitter.

b. Les personnes

Les personnes peuvent aussi se délocaliser d'un État à l'autre pour bénéficier d'un impôt sur le revenu plus favorable, ou d'une absence d'impôt sur la fortune.

L'obtention d'une telle économie implique cependant de ne plus être résident fiscal français et donc, au minimum, de résider moins de six mois en France et d'avoir son foyer familial hors de France. Les conséquences sur la vie personnelle d'un tel choix sont donc importantes.

La France a connu des délocalisations à l'étranger de personnes fortunées suite à la limitation du plafonnement de l'ISF en 1995 par le gouvernement Juppé, délocalisations qui se sont poursuivies de manière permanente. Un des pays préférés des personnes fortunées est la Belgique où il n'existe pas d'impôt sur le patrimoine et où les plus-values sur cession de titres par des personnes physiques sont exonérées. Il s'est agi la plupart du temps de personnes ayant cinquante ans ou plus et qui songent à préparer leur retraite ou leur succession. Le second pays de destination est la Suisse.

Sur une période de 10 ans (2006 à 2016), les départs de contribuables redevables de l'ISF ont été chaque année 3 à 6 fois plus nombreux que les retours. Au total sur dix ans, et en faisant le solde des départs et des retours, l'État français a vu disparaître 4.578 ménages assujettis à l'ISF pour un actif imposable de 23,8 milliards d'euros.

Statistiquement, ce sont cependant les cadres supérieurs ayant entre 25 et 45 ans qui bougent le plus. Ce sont eux qui sont principalement concernés par la mobilité internationale. Ils ne le font pas pour des raisons fiscales, mais parce que désormais le déroulement de la carrière d'un cadre supérieur comprend quasi obligatoirement un, ou plusieurs, passage par une expatriation ou un détachement à l'étranger.

Certains États accordent des régimes fiscaux intéressants aux salariés qui sont venus s'installer chez eux pour travailler essentiellement à l'international. C'est notamment le cas du Royaume-Uni qui a attiré beaucoup de jeunes cadres de la finance internationale avant le Brexit.

Mais cet avantage fiscal peut être absorbé par un coût de la vie élevé. Ainsi à Londres le logement est beaucoup plus cher qu'à Paris, de même que le coût de la scolarisation des enfants ; enfin il est nécessaire de souscrire à des contrats d'assurance privée couvrant les risques maladie et la retraite afin de compléter la couverture sociale obligatoire, qui est beaucoup moins performante qu'en France.

L'impôt sur le revenu français est certes plus progressif que ceux de la plupart de ses voisins, mais son taux marginal maximal (45 %) se situe dans la moyenne et son assiette est souvent plus faible qu'à l'étranger, du fait de l'abattement forfaitaire de 10 %, du quotient familial et de l'existence de nombreuses « niches fiscales », même si ces avantages se sont fortement réduits avec le durcissement des plafonnements qui leur sont applicables intervenu sous le quinquennat de François Hollande.

c. Les capitaux

Mais ce sont surtout les marchés financiers qui sont désormais complètement mondialisés, les déplacements des capitaux d'un pays à l'autre se faisant instantanément à l'aide des moyens de communication modernes (virements automatiques, Internet…).

Les capitaux se placent là où la rentabilité est la plus élevée, la fiscalité constituant un élément essentiel de cette rentabilité.

Les placements financiers sont susceptibles d'engendrer trois types de revenus :

- des plus-values (réalisées à l'occasion de cessions d'actions en bourse, par exemple). Les cessions d'actions françaises réalisées par des non-résidents ne déclenchent cependant quasiment aucune imposition. Ainsi la France n'impose pas les plus-values sur cessions de titres réalisées par des non-résidents (sauf lorsqu'ils détiennent une participation substantielle, c'est-à-dire 25 % du capital, dans la société française dont les titres sont cédés). De plus, les cessions d'actions de sociétés cotées non constatées par un acte sont dispensées de droits d'enregistrement. En revanche, une taxe sur les transactions financières s'applique aux achats de titres cotés lorsque ces titres sont émis par une société française dont la capitalisation boursière excède un milliard d'euros. Le taux de la taxe est égal à 0,3 % du prix d'achat des titres ;

- des dividendes. Les dividendes versés aux non-résidents supportent une retenue à la source de 12,8 % quand l'associé est une personne physique et de 15 % quand l'actionnaire est une société, taux généralement réduit par les conventions fiscales signées par la France à 5 % quand la société actionnaire détient au moins 10 % du capital de la société française et même à 0 quand la société actionnaire est une société de l'Union européenne détenant au moins 10 % du capital de la société française pendant au moins deux ans ;

- des intérêts. Les intérêts versés aux non-résidents ne supportent pas de retenue à la source.

Les non-résidents supportent donc généralement très peu de charges fiscales sur leurs revenus du patrimoine financier de source française. Chaque État tend d'ailleurs à exonérer d'impôt les revenus de l'épargne des non-résidents qui sont donc quasiment toujours mieux traités que les résidents ; c'est ce que l'on appelle la discrimination « à rebours ». Cela est indispensable pour attirer les capitaux étrangers. Il s'agit d'une des conséquences de la compétition fiscale existant entre les États.

En revanche un tel système de discrimination « à rebours » encourage les résidents des différents États à placer leur épargne à l'étranger. Pour limiter cette fuite des capitaux, les États imposent impose les revenus financiers selon un système plus favorable que les revenus du travail en les faisant échapper au barème progressif de l'impôt sur le revenu. C'est ce que fait aussi la France depuis l'arrivée au pouvoir d'Emmanuel Macron : les produits financiers (plus-values de cession de titres, dividendes et intérêts) sont imposés à un taux forfaitaire de 12,8 % (la « flat tax » auquel il faut ajouter 17,2 % de contributions sociales (CSG, CRDS et prélèvement social, soit un taux total de 30 %, un peu supérieur à la moyenne des pays européens qui se situe autour de 25 %.

Ces mesures sont parfois insuffisantes pour éviter une fuite des capitaux, d'autant que si en France les établissements payeurs (banques et assurances) sont obligés de déclarer à l'administration fiscale les revenus qu'ils ont versés à leurs clients, cela n'a pas toujours été le cas à l'étranger, certains États, comme la Suisse ou le Luxembourg, invoquant le secret bancaire, ce qui n'est plus possible aujourd'hui.

La directive communautaire 2003/48/CE du 3 juin 2003 a permis de trouver une solution permettant de réguler un peu les flux de capitaux entre les États.

L'ensemble des États membres de l'Union européenne se sont en effet engagés à ce que les établissements payeurs localisés sur leur territoire transmettent aux administrations fiscales de résidence de leurs clients les informations permettant aux administrations de les imposer sur les intérêts qu'ils auront perçus de la part de ces établissements.

Ce dispositif présente le double avantage de :

- permettre l'exonération des intérêts versés aux non-résidents ;

- garantir l'imposition de ces intérêts dans l'État de résidence du bénéficiaire.

Il comporte, cela dit, deux inconvénients :

- certains États ont refusé d'appliquer ce système dans l'immédiat (Autriche, Belgique, Luxembourg). La directive permet alors à ces États de prélever temporairement une retenue à la source sur les intérêts versés aux non-résidents, retenue à la source qui vaudra crédit d'impôt dans l'État de résidence du bénéficiaire des intérêts ;

- par définition les États non membres de l'Union européenne ne sont pas engagés par ce mécanisme, ce qui peut présenter des inconvénients certains notamment lorsque la législation de ces États garantissent le secret bancaire. La date d'application de la directive a donc été subordonnée à la conclusion d'accords avec les pays tiers. Un accord de ce type a ainsi été conclu entre l'Union européenne et la Suisse en octobre 2004. De ce fait, la directive a pu entrer en application le 1er juillet 2005.

La crise financière de 2009, qui a mis en lumière les pratiques du système financier consistant à loger de nombreux avoirs dans des paradis fiscaux s'est traduite par une beaucoup plus grande transparence. Des conventions d'assistance entre les différents États ont été conclues dans le cadre de l'OCDE afin de permettre aux États d'échanger entre eux des informations fiscales. Le secret bancaire a été levé dans la plupart des Etats, notamment en Suisse et au Luxembourg, pays qui ne peuvent plus invoquer le secret bancaire pour refuser de coopérer avec les autres États. Les États-Unis sont allés jusqu'à imposer aux établissements financiers du monde entier des obligations déclaratives concernant les personnes de nationalité américaine ou résidentes fiscales des États-Unis.

d. La taxation des transactions internationales pour financer l'aide au développement

La mondialisation des marchés financiers permet aux intervenants de dégager sur ces marchés des profits considérables moyennant des coûts de transactions extrêmement faibles. Ces déplacements de capitaux, dus à des mouvements spéculatifs, peuvent entraîner des conséquences parfois considérables sur l'équilibre des marchés en cause et donc sur les économies nationales.

Afin d'atténuer la volatilité de ces marchés, et de créer une solidarité entre les intervenants sur ces marchés et les pays les plus pauvres, il a été envisagé de créer une taxation sur les transactions financières internationales, dite taxe Tobin du nom de l'économiste belge qui le premier a envisagé une telle taxation.

Ce projet est soutenu par l'Association pour une taxation des transactions financières pour l'aide aux citoyens (Attac).

L'idée est de taxer, à un taux extrêmement faible, les transactions financières internationales et d'affecter le produit de cette taxe à l'aide aux pays en voie de développement.

Un tel impôt se heurte cependant à des questions d'ordre technique (recensement et identification des transactions qui sont, la plupart du temps, complètement dématérialisées, modalités de perception) qui pourraient cependant être résolues s'il existait une réelle volonté politique d'aboutir.

Mais surtout la création d'un tel impôt n'est possible que s'il est appliqué par tous les grands États occidentaux ; à défaut, les Etats l'ayant institué verraient leurs capitaux fuir vers les Etats ne l'appliquant pas. Or les États-Unis sont complètement opposés à une telle taxe.

Le gouvernement Jospin a fait voter par le Parlement français le principe d'une telle taxe que la France appliquera donc lorsque les autres États s'y seront ralliés. Mais cela arrivera-t-il un jour ?

Puis une taxe sur les transactions financières, qui constitue un premier pas vers une taxe Tobin, a été proposée par la Commission européenne en 2011 et mise en place dans plusieurs pays européens dont la France qui l'a introduite en août 2012 et l'Allemagne. Mais les États-Unis ou le Royaume-Uni ne se sont pas dotés d'une telle taxe.

La France a aussi mis en place à compter du 1er juillet 2006 une taxe de solidarité sur les billets d'avion, appelée aussi « taxe Chirac ». Son montant est de 1 euro pour un aller simple en classe économique sur les vols intra-communautaires et de 10 euros en classe affaires ou en première classe. Ces montants sont relevés respectivement à 4 et 40 euros pour les vols long-courriers.

Le produit de la taxe attendu, 300 M d'euros en année pleine, est affecté à un organisme, l'Unitaid, créé par la France, le Royaume-Uni, le Brésil, la Norvège et le Chili, rejoint ensuite par 21 nouveaux États membres. Cet organisme finance l'achat de médicaments pour lutter contre le sida, la tuberculose et le paludisme dans les pays d'Afrique australe.

2. Les compétences de l'Union européenne en matière fiscale

Le texte du traité de Rome signé en 1957 contient peu de dispositions fiscales.

La fiscalité ne relève pas en effet en tant que tel du domaine communautaire. Ainsi, il n'existe pas à ce jour d'impôt communautaire. Mais la construction du marché commun à compter de 1958, puis la réalisation du marché intérieur, à compter de 1993, ont nécessité une harmonisation de la fiscalité indirecte, c'est-à-dire des impôts et taxes frappant la circulation des marchandises.

C'est pour cela que le traité de Rome a comporté dès l'origine un chapitre intitulé « *dispositions fiscales* », lui-même formé de quatre articles :

- l'article 90 qui prohibe les discriminations fiscales,
- les articles 91 et 92 qui interdisent les subventions fiscales à l'exportation,

- et surtout l'article 93 qui constitue la base juridique de l'harmonisation de la fiscalité indirecte.

a. La fiscalité indirecte

Sur la base de ces articles, la fiscalité indirecte a été harmonisée entre les États membres :

- les seuls droits susceptibles de frapper la consommation que peuvent instituer ou maintenir les États membres sont la taxe sur la valeur ajoutée (TVA) et les accises sur le tabac, les alcools et les produits pétroliers ;

- la TVA, d'origine française, a été généralisée à l'ensemble des secteurs d'activités en 1968. Son adoption par tout pays candidat est obligatoire lors de son adhésion à l'Union européenne ;

- l'assiette de la TVA a été harmonisée entre les États membres par la sixième directive, adoptée en 1977, et applicable depuis le 1er janvier 1979. Cette harmonisation résulte à la fois de la nécessité de disposer de règles d'assiette communes sur la totalité du marché européen et de la décision d'affecter une part des recettes de la TVA (1,4 %) au budget européen.

En conséquence, les contraintes du droit de l'Union européenne sont particulièrement fortes en matière de TVA :

- les règles d'assiette sont déterminées par les directives communautaires, telles qu'interprétées par la Cour de justice de l'Union européenne (CJUE) ;

- les États membres conservent en revanche une certaine liberté dans la fixation des taux, mais cette liberté est encadrée. Normalement chaque État ne peut disposer que de trois taux de TVA, un taux dit normal qui doit être compris entre 15 % et 25 % et un ou deux taux réduits qui doivent être au minimum de 5 %. Certains États comme la France ont cependant eu le droit de conserver un taux super réduit de 2,1 % pour les médicaments remboursés par la Sécurité sociale et pour la presse ; d'autres, comme le Royaume-Uni, ont pu conserver un taux zéro. De plus, les produits et les services pouvant bénéficier du taux réduit sont limitativement énumérés en annexe à la directive. Pour appliquer le taux réduit aux travaux sur les logements puis aux services de restauration, la

France a ainsi dû négocier pendant plusieurs années une autorisation du Conseil européen.

De même, la décision du gouvernement Raffarin de transférer aux régions une partie du produit de la taxe intérieure sur les produits pétroliers (TIPP devenue depuis TICPE), en leur permettant de moduler ses taux, a nécessité une autorisation préalable du Conseil des ministres européen statuant à l'unanimité. À cette occasion, la Commission européenne a précisé que cette autorisation ne pouvait pas s'appliquer au diesel professionnel, et ce, au nom de la libre concurrence entre les entreprises de transport.

b. Le processus de décision de l'Union européenne

Le droit de l'Union européenne est constitué par les traités européens (à l'origine le traité de Rome, qui a été amendé et complété par plusieurs les traités successifs aboutissant finalement au traité de l'Union européenne (TUE) et au traité sur le fonctionnement de l'Union européenne (TFUE), ainsi que par le droit dérivé, constitué en matière fiscale essentiellement par des directives.

Les directives doivent être adoptées à la fois par le Conseil des ministres de l'Union européenne, qui statue à l'unanimité de ses membres sur proposition de la Commission, et par le Parlement européen.

Bien que le traité de Nice de décembre 2000 ait élargi le champ d'application du vote du Conseil à la majorité qualifiée, l'article 95-2 du traité continue d'en exclure la fiscalité, qui relève donc toujours du vote à l'unanimité. Le traité de Lisbonne de 2008 n'a pas remis en cause cette exigence d'unanimité en matière fiscale.

Ce principe de l'unanimité, auquel les États membres sont très attachés, préserve la souveraineté fiscale des États. Chaque État dispose en conséquence d'un droit de veto, ce qui lui garantit que la fiscalité qui lui est applicable ne pourra pas être modifiée sans son accord. Ce principe est fondamental pour préserver la souveraineté des États membres et la démocratie parlementaire.

Mais nous nous trouvons là au cœur de la question européenne : comment concilier la souveraineté fiscale des États membres avec le développement d'un seul marché européen ?

Le maintien de la règle de l'unanimité se comprend, s'agissant de l'imposition des personnes physiques (impôt sur le revenu progressif, ISF) qui relève exclusivement de la compétence des États membres et dont l'harmonisation n'est aucunement nécessaire pour réaliser le marché intérieur ni pour développer l'intégration des économies européennes.

En revanche, le maintien de la règle de l'unanimité en matière de fiscalité indirecte (TVA, droits d'accise) et d'impôt sur les sociétés freine le développement harmonieux de l'économie européenne, les produits et les entreprises des différents États membres étant mis constamment en concurrence.

En effet dans une Union à 28 ou 27 États, ce principe d'unanimité débouche sur la quasi-paralysie. L'avancée de l'harmonisation fiscale européenne devient extrêmement difficile, impossible en fait. Nous l'avons encore constaté récemment s'agissant de la création d'une taxe sur les GAFA. Les États membres n'ayant pas pu se mettre d'accord, certains États, dont la France, ont avancé seuls. Cela avait été déjà le cas pour la taxe sur les transactions financières.

Un groupe restreint d'États membres a cependant toujours la possibilité d'avancer vers une harmonisation de leur fiscalité sur la base du principe dit de la « coopération renforcée ».

Ainsi, un État qui oppose son veto à une décision fiscale ne peut pas empêcher les autres États d'avancer dans le cadre de la coopération renforcée, mais il ne sera pas lié par leur décision.

Par ce biais-là, une Europe à deux vitesses est donc juridiquement possible, même si en pratique cette voie-là n'a encore jamais été utilisée en matière fiscale.

3. La jurisprudence fiscale de la CJUE

Le traité de Rome a consacré le principe du respect par les États membres des grandes libertés fondamentales : la libre circulation des travailleurs, la liberté d'établissement, la liberté de prestations de services et la libre circulation des capitaux.

Les restrictions posées par les États membres à l'exercice de telles libertés sont prohibées, sauf si ces restrictions sont justifiées par des raisons impérieuses d'intérêt général et ne sont pas disproportionnées par rapport à l'objectif à atteindre.

Ainsi, le droit des ressortissants des États membres au respect de la liberté d'établissement, liberté qui fait l'objet de l'article 43 du traité, constitue un principe essentiel du droit de l'Union européenne.

Un État membre ne peut donc pas faire obstacle au libre établissement sur son territoire des ressortissants des autres États membres. De même, il ne peut pas s'opposer au libre établissement sur le territoire d'un autre État membre de ses propres ressortissants.

La Cour de Justice de l'Union européenne (CJUE, anciennement dénommée CJCE) applique ces principes à la fiscalité directe, bien que la fiscalité directe ne soit pas de la compétence de l'Union.

Ainsi, la France a été condamnée pour avoir réservé aux personnes qui ont leur domicile réel, ou leur siège social en France, le bénéfice de l'avoir fiscal, ce qui est contraire à la liberté d'établissement posée par l'article 43 du traité (CJCE, 28 janvier 1986).

La CJUE a aussi condamné la France pour avoir limité la déduction des dépenses de recherche de l'assiette de la contribution des entreprises pharmaceutiques aux seules dépenses de recherche réalisées en France (CJCE, 8 juillet 1999, aff. 254/97).

Particulièrement symptomatique est l'arrêt rendu par la CJCE le 16 juillet 1998 dans l'affaire Imperial Chemical Industries (CJCE, 16 juillet 1998 aff. 264/96) qui a condamné le Royaume-Uni. Le problème portait sur la compatibilité avec l'article 43 du traité de dispositions fiscales britanniques, qui, pour tenir compte des pertes des filiales d'une société holding britannique, traitaient de manière plus favorable les holdings dont les filiales avaient majoritairement leur siège au Royaume-Uni.

Pour la CJCE, la composante fiscale constitue un élément de la liberté d'établissement. Les dispositions de l'article 43 du traité sont violées, si un État membre entrave, par des mesures fiscales, l'établissement d'une société constituée en conformité avec sa législation dans un autre État membre.

Les conséquences de cet arrêt de 1998 ont été considérables.

La CJCE a en effet précisé que, si la fiscalité directe relève de la seule compétence des États membres (contrairement à la TVA et aux accises qui relèvent d'une compétence partagée entre les États membres et la Communauté), ces derniers doivent exercer cette compétence dans le respect du droit communautaire, et notamment dans le respect des grandes libertés consacrées par le traité.

Les mesures fiscales prises par les États membres ne peuvent donc entraver la liberté d'établissement que, d'une part, si elles sont justifiées et, d'autre part, si les restrictions qu'elles créent à l'exercice de cette liberté ne sont pas disproportionnées. À titre d'illustration de cette seconde condition posée, la Cour de Justice refuse d'admettre que le souci d'un État membre d'éviter une réduction de ses recettes fiscales ou de lutter contre l'évasion fiscale justifie une entrave à la liberté d'établissement.

La CJCE a ainsi condamné la France pour avoir créé une taxe due par les ressortissants français qui quittent la France pour devenir résidents d'un autre État (CJCE, 11 mars 2004, aff. 9/02 Lasteyrie du Saillant).

Ce dispositif, adopté en 1998 sous le gouvernement de Lionel Jospin, imposait, à l'occasion du transfert du domicile fiscal en dehors du territoire national, les plus-values latentes existant sur les titres de sociétés détenus par le contribuable, lorsque lui-même ou sa famille avait possédé plus de 25 % des droits de la société au cours des cinq années précédentes.

Ce texte avait pour objectif de pénaliser les délocalisations de patrimoines français à l'étranger, notamment à destination d'Etats n'imposant pas les plus-values de cession de titres par les personnes physiques (comme en Belgique, par exemple). La Cour a condamné un tel dispositif parce que contraire au principe de la liberté d'établissement et disproportionnée, du fait de son application systématique à tous les cas de départs à l'étranger.

Il faut noter que la Cour de Justice a précisé que la législation fiscale devait aussi respecter le principe de libre circulation des capitaux (CJCE, 6 juin 2000, aff. C-35/98). Contrairement à la liberté d'établissement qui ne s'applique qu'au sein de l'Union européenne, la libre circulation des capitaux s'applique aussi aux relations avec les pays tiers.

La CJUE vérifie aussi que les États membres appliquent correctement le droit dérivé européen, c'est-à-dire les directives européennes. Il y en a peu en fiscalité directe. Mais on notera que dans un arrêt du 17 mai 2017 la CJUE a jugé que la contribution à l'impôt sur les sociétés égale à 3 % des dividendes distribués par les grandes entreprises était contraire à l'article 4 de la directive 2011/96/UE du Conseil du 30 novembre 2011 (dite « directive mère-fille »), en ce qu'elle faisait peser sur les dividendes perçus par une société mère de ses filiales européennes une charge fiscale qui dépasse le seuil d'imposition prévu par la directive lorsque cette société procède à la redistribution de ces mêmes dividendes.

4. Le pacte de stabilité et de croissance européen

Le pacte de stabilité et de croissance européen, adopté en juin 1997, dans le prolongement du traité de Maastricht et en prévision de l'introduction de l'euro en 1999, oblige normalement les États membres à :

- ne pas avoir un déficit des finances publiques d'un montant supérieur à 3 % de leur PIB ;

- ne pas avoir une dette publique supérieure d'un montant à 60 % de leur PIB.

Ces dispositions ont été complétées par le traité budgétaire de 2012 qui affine le suivi du déficit en suivant aussi le déficit structurel, c'est-à-dire le niveau que le déficit aurait si le taux de croissance était le taux de croissance de long terme du pays. Cela permet de corriger les effets d'une conjoncture économique défavorable qui réduit mécaniquement les recettes fiscales et creuse le déficit.

Lorsqu'un État membre faisant partie de la zone euro ne respecte pas le critère de déficit public, la Commission engage à son encontre une procédure pour déficit excessif ; l'État concerné dispose alors de quatre mois pour adopter des mesures correctrices ; à défaut il s'expose à des sanctions financières.

La France a ainsi été en procédure de déficit excessif de 2010 à 2017. Il faut noter que jusqu'à présent il n'a jamais été appliqué de sanctions financières à l'encontre d'un Etat pour déficit excessif.

Les dispositions des traités relatives au déficit public ne comportent pas de dispositions spécifiques à la fiscalité.

Pour réduire son déficit public un État peut librement

- soit réduire ses dépenses publiques ;
- et/ou augmenter ses impôts.

Mais en pratique, il est souvent très difficile politiquement de réduire les dépenses publiques. Une telle réduction implique en effet de réduire de manière importante la masse salariale de l'État employeur, et donc le nombre de fonctionnaires, et/ou de réduire le montant des dépenses sociales, c'est-à-dire essentiellement les dépenses d'assurance maladie qui représentent près de 20 % des dépenses publiques françaises, ainsi que les dépenses liées aux régimes de retraite, qui représentent près de 27 % de ces dépenses.

Du fait de cette forte résistance à la baisse des dépenses publiques, le respect des ratios de déficit public crée une pression à la hausse de la fiscalité en Europe. Les États ne pouvant pas comprimer la progression des dépenses sociales, du fait des résistances de leurs opinions publiques (et donc des électeurs), sont en effet obligés de compléter leur plan d'économies par des hausses d'impôts.

C'est ce que l'on a constaté dans la zone euro depuis la crise financière de 2009. La spécificité française est que l'augmentation de la pression fiscale s'est surtout traduite par une augmentation de l'imposition des revenus des ménages, impôt sur le revenu progressif et CSG, alors que les autres pays ont surtout augmenté la TVA.

CHAPITRE III
À QUOI SERVENT NOS IMPÔTS ?

La question des objectifs de la politique fiscale est fondamentale. Ce n'est que lorsqu'un consensus existe au sein d'un pays sur les fonctions assignées à la fiscalité que l'impôt est accepté, et donc légitime.

L'objectif originel et principal de l'impôt est bien entendu de couvrir la dépense publique. Il s'agit alors de déterminer tout d'abord la nature des dépenses publiques que l'on veut financer, ainsi que leur niveau, puis de s'assurer que l'État pourra se procurer les recettes fiscales nécessaires à la couverture de ces dépenses et compatibles avec les capacités contributives de ses citoyens.

L'apparition des thèses keynésiennes à la suite de la Grande Dépression des années 1930, puis le développement de ce qu'on a appelé l'État providence après la Seconde Guerre mondiale, ont ensuite assigné deux objectifs supplémentaires à l'impôt : tout d'abord celui d'être un outil de politique économique, et puis ensuite un instrument de justice sociale.

Depuis la fin des trente Glorieuses (milieu des années 1970), ces deux objectifs ne recueillent plus l'unanimité de la collectivité des économistes ou de la classe politique et encore moins celle des Français.

Si le poids des impôts est si élevé en France, c'est parce que les dépenses publiques y sont très élevées. En 2017, elles représentaient 56,5 % du PIB.

Si nous voulons réduire les impôts, tout en continuant à réduire notre déficit public, il faut donc réduire fortement nos dépenses publiques. Il est intéressant de noter qu'à l'occasion du grand débat national du début 2019 un quasi consensus s'est dégagé en faveur de la réduction des dépenses publiques souhaitée par 82 % des Français.

Mais le grand débat n'a débouché sur aucune proposition de réduction de dépenses. Cela sans doute parce que les Français connaissent très mal ce que l'on entend par dépenses publiques. Pour eux, il s'agit du coût du fonctionnement de l'administration. Or, même si ces coûts ne sont pas ridicules, ils ne représentent que 6,6 % des dépenses publiques (chiffres de 2017).

Les trois principaux postes de dépenses publiques en 2017 étaient les suivants :

-les dépenses de retraite (26,8 % des dépenses publiques),
-les dépenses de santé (19,1 %),
-les dépenses d'éducation (9,6 %).

À eux seuls trois ces postes représentent 55,5 % du total de nos dépenses publiques.

Dans la perspective du grand débat national le think tank « France Stratégie » a présenté un rapport sur les dépenses publiques en France et les a comparées à celles de nos voisins.

Elles sont supérieures de 8 points de PIB à la moyenne de 11 pays d'Europe. L'écart s'explique par le poids des retraites (+3,4 %), des aides à l'économie (+1,9 %), des aides sociales (+1 %), de la santé (+1 %), de la défense nationale (+0,7 %) et des investissements publics (+0,6 %). On voit donc que le problème de la dépense publique en France n'est pas le coût de fonctionnement de l'administration, mais tout d'abord le poids des dépenses sociales et ensuite celui de l'intervention économique.

Pour éliminer notre déficit public (2,6 % de PIB en 2017) et baisser les impôts de 1 % du PIB, il faut donc baisser les dépenses publiques de 3,6 points de PIB. On voit que si nous alignions le poids de nos dépenses de retraite sur celui de nos voisins, nous y arriverions presque.

Mais les Français sont-ils prêts à baisser le niveau de leur protection sociale ? Et de leurs retraites ? Clairement non.

Cela ressort d'un sondage effectué en février 2019 en plein grand débat national selon lequel 74 % des Français se prononçaient pour une réduction des dépenses de l'État. Seuls 11 % se prononcent pour une réduction des dépenses sociales et 9 % des dépenses des collectivités locales (6 % ne se prononçaient pas).

Or quasiment la totalité des économies budgétaires réalisées depuis 10 ans ont porté sur les dépenses de l'État. Il existe encore probablement quelques économies possibles dans le budget de l'État, mais elles ne correspondent pas du tout à ce qui est nécessaire. Aujourd'hui nombre de fonctionnaires d'État travaillent dans des conditions difficiles avec très peu de moyens.

Les économies possibles sont chez les collectivités locales et dans les budgets sociaux.

Si nous avons un niveau aussi élevé de prélèvements obligatoires, c'est parce que nous avons choisi un modèle social plus généreux et plus actif que ceux de nos voisins. C'est un choix qui a été fait à la Libération, dans la foulée du programme du conseil national de la Résistance, et confirmé et amplifié après la crise pétrolière de 1974, qui a marqué la fin des trente glorieuses. Sous le septennat de Valéry Giscard d'Estaing, nous avons développé de manière très importante notre protection sociale afin de maintenir notre modèle social malgré le ralentissement de la croissance économique. Ainsi de 1974 à 1981, le poids des prélèvements obligatoires (impôts et cotisations sociales) a augmenté en moyenne d'un point de PIB par an.

Aucun responsable politique n'a envisagé depuis quarante ans de remettre en cause ce choix en faveur de plus de dépenses sociales, cela parce que les Français ne le veulent pas. En réalité un seul l'a fait, c'est François Fillon lors de la campagne présidentielle de 2017. Il proposait d'augmenter l'âge minimal de départ à la retraite de 62 à 65 ans et de supprimer 500.000 postes de fonctionnaires. Une telle politique ultralibérale, si elle était appliquée, signifierait un changement de modèle social pour notre pays.

1. Couvrir les dépenses publiques

La première fonction de l'impôt consiste à financer les dépenses publiques, ces dernières ayant connu une augmentation quasi constante depuis les années 1930, que ce soit en France ou chez la plupart de nos partenaires, à l'exception notable des États-Unis et du Royaume-Uni, qui ont connu un recul du poids des dépenses publiques dans le produit intérieur brut (PIB) durant les années 1980.

À partir du moment où la fiscalité sert essentiellement à couvrir la dépense publique, la fixation du niveau des recettes fiscales dépend très étroitement de l'orientation de la politique budgétaire.

a. Le lien entre politique fiscale et politique budgétaire

Le pouvoir de percevoir l'impôt, avec celui de battre monnaie, de lever l'armée et de désigner des ambassadeurs, constitue depuis l'Antiquité une des prérogatives essentielles d'un État souverain.

L'impôt est en effet nécessaire pour financer le train de vie de l'État (les dépenses de fonctionnement de ses services administratifs), ainsi que les dépenses occasionnées par l'exercice de ses missions régaliennes (police, armée, justice, diplomatie…).

À ces dépenses traditionnelles sont venus s'ajouter au XIXe et XXe siècles le financement des infrastructures publiques (routes, chemins de fer, ponts), puis celui des services publics (écoles et universités, hôpitaux, musées), et enfin, dans les Etats à tradition interventionniste comme la France, celui des services publics économiques (télécommunications, transports publics, électricité).

L'impôt est donc le moyen de financement normal des dépenses publiques.

Le droit budgétaire français (l'ordonnance du 2 janvier 1959 portant loi organique, modifiée et complétée par la loi organique du 1er août 2001 relative aux lois de finances, dite LOLF) consacre ce principe de financement des dépenses par l'impôt (de préférence à l'emprunt ou à la création monétaire), en exigeant du Parlement qu'il vote chaque année, dans le cadre de l'adoption de la loi de finances, les articles autorisant la perception des impôts et fixant le montant du solde budgétaire avant de fixer le niveau des dépenses.

Juridiquement, c'est donc le niveau des recettes fiscales qui, en France, détermine la capacité de dépenses de l'État. Un déficit budgétaire ne devrait théoriquement apparaître que de manière exceptionnelle. Le recours à l'emprunt pour financer les dépenses budgétaires est ainsi censé n'être que résiduel.

Comme rappelé au chapitre II ci-dessus, le pacte de stabilité et de croissance européen, adopté lors du sommet européen d'Amsterdam en juin 1997, crée lui-aussi un lien fort entre impôts et dépenses publiques, puisqu'il limite le besoin de financement des administrations publiques (État, collectivités locales, organismes publics de Sécurité sociale) à 3 % du PIB. L'approche européenne ne se cantonne pas aux recettes et dépenses de l'État, mais leur agrège les recettes et dépenses des collectivités locales et des organismes gérant des régimes sociaux légalement obligatoires (cf. chapitre IV).

La fonction originelle et essentielle de l'impôt étant de couvrir la dépense publique :

- la capacité de dépense de l'État est théoriquement limitée à sa capacité de lever l'impôt ;

- en conséquence en cas de déficit public, il convient normalement soit de réduire les dépenses, soit d'augmenter les impôts.

Politique fiscale et politique budgétaire sont donc normalement indissociables.

Dans la réalité, les choses sont plus nuancées, et parfois bien différentes.

Ainsi, malgré cet environnement juridique destiné à éviter l'apparition d'un déficit public, notre pays connaît un déficit constant de ses finances publiques depuis 1974, avec des périodes de déficits élevés (comme en 1982-83, en 1993-94 et en 2009-17) alternant avec des années où le déficit public se fixe à un niveau modéré (comme en 1990-92 ou en 1999-2001).

En conséquence, le recours à l'emprunt public a dû être systématisé, le paiement des intérêts et le remboursement du capital des emprunts ayant été facilités par la croissance économique et l'inflation (cette dernière, élevée durant la période s'étendant de 1974 à 1985, a cependant très fortement diminué ensuite, compliquant le retour à l'équilibre budgétaire). La baisse des taux d'intérêt résultant de la politique monétaire de la BCE depuis 2014 a toutefois permis aux États, dont la France, de s'endetter à des conditions extrêmement favorables (parfois même avec des taux d'intérêt négatifs).

La dette publique française a dépassé, pour la première fois en 2003, le seuil des 60 % du PIB enfreignant ainsi les dispositions du pacte de stabilité et de croissance européen. Ce ratio est désormais proche de 100 % (98 % en 2018), la plus forte augmentation ayant été constatée en 2009 (augmentation en une année égale à environ 11 % de PIB, de 68 % à 79 %).

La France est donc condamnée à réduire ses dépenses publiques et/ou à augmenter ses prélèvements obligatoires, si elle veut mettre fin à l'accroissement de son endettement public.

Le retour d'une forte croissance faciliterait la réalisation de cet objectif, ce retour de la croissance pouvant lui-même être stimulé par des mesures fiscales adéquates. C'est ce qui s'est passé fin 2018-début 2019 avec les mesures dites « gilets jaunes » de décembre 2018 et les baisses d'impôts entamées fin 2018 (suppression des cotisations salariales maladie et chômage, baisse de la taxe d'habitation) auxquelles s'est ajoutée pour les entreprises le cumul en 2019 du CICE et de la baisse des charges patronales.

À l'inverse la politique d'austérité menée sous le mandat de François Hollande a ralenti la croissance et a donc freiné la réduction du déficit public.

En effet depuis 2009, année où il a atteint un niveau record (7,2 % du PIB), le déficit public a régulièrement baissé (non pas en montant, mais en % du PIB) :

7,2 % en 2009
6,9 % en 2010
5,2 % en 2011,
5,0 % en 2012
4,1 % en 2013
3,9 % en 2014
3,6 % en 2015
3,5 % en 2015
2,8 % en 2017
2,5 % en 2018.

b. Bref rappel historique de la création des principaux impôts français

La nécessité de financer des dépenses élevées a depuis toujours incité l'État à se doter d'impôts à forte rentabilité, c'est-à-dire à assiette large.

L'Ancien régime, puis le Directoire, avaient connu au XVIIIe siècle des crises financières dues à la difficulté de collecter des recettes fiscales abondantes et stables.

L'une des novations les plus importantes de la Révolution fut la reconnaissance de la propriété foncière. Napoléon Ier eut ensuite l'idée de doter la France d'un impôt assis sur la propriété foncière, assiette fiscale aisément localisable et vérifiable et représentative de la capacité contributive du contribuable. Il organisa ainsi un recensement systématique de cette propriété, qui déboucha sur un état civil de la propriété foncière, intitulé le cadastre, dont l'objectif essentiel est de lever l'impôt foncier.

L'alliance entre le géomètre et le financier (tous deux hommes de chiffres) a permis de doter le pays d'une ressource fiscale importante, qui subsiste aujourd'hui sous la forme des taxes foncières bâties et non bâties dont le produit est affecté aux collectivités locales.

L'impôt foncier assis sur un cadastre avait d'ailleurs déjà été à l'origine de la puissance de la bureaucratie de l'Égypte pharaonique.

La deuxième étape de la construction de notre système fiscal fut la création en 1914, par Joseph Caillaux, de l'impôt sur le revenu. L'État trouvait alors une assiette très large, représentative de la faculté contributive du contribuable.

En même temps, il entamait pour la première fois une politique de redistribution des revenus et de réduction des inégalités, en adoptant un barème progressif de taux d'imposition.

La troisième étape fut la création en 1954 de la taxe sur la valeur ajoutée (TVA), à l'instigation de Maurice Lauré. Impôt à assiette très large, et neutre vis-à-vis des circuits économiques, la TVA a ensuite été généralisée à l'ensemble des activités économiques en 1968. Innovation française, elle a été adoptée par l'Union européenne qui l'a rendue d'application obligatoire par les États membres, qui se sont vu interdire par ailleurs de créer d'autres taxes sur le chiffre d'affaires ayant un effet équivalent. L'adhésion d'un nouvel État à l'Union implique qu'il accepte d'introduire la TVA dans son système fiscal.

Les règles d'assiette de la TVA sont de plus harmonisées au niveau communautaire depuis 1977.

Les autres innovations fiscales marquantes en France furent ensuite la création de l'impôt sur les sociétés par Michel Debré en 1959, puis celle de la contribution sociale généralisée (CSG) par Michel Rocard en 1989.

Les recettes des principaux prélèvements obligatoires (impôts et cotisations sociales) sont les suivantes (en milliards d'euros en 2017) :

♦	Cotisations sociales	384,5
♦	TVA (nette des remboursements)	162,7
♦	CSG/CRDS	106,9
♦	Impôt sur le revenu	73,0
♦	Impôt sur les sociétés	35,7
♦	Taxes foncières	34,0
♦	TICPE	29,3
♦	CVAE/CFE/IFER	21,5
♦	Taxe d'habitation	19,3
♦	Taxe sur les salaires	13,5
♦	Droits de succession et de donation	12,9

c. La territorialité de l'impôt

Manifestation de la souveraineté de la puissance étatique, le pouvoir de lever l'impôt est, par nature, limité au territoire sur lequel s'exerce cette souveraineté.

Mais les États, cherchant à obtenir le maximum de recettes, ont une conception extensive de la notion fiscale de leur territoire.

Ainsi, à titre d'illustration de cet « impérialisme fiscal », sont soumis à l'impôt sur le revenu français, en application de l'article 4A du Code général des impôts :

- l'ensemble des revenus des personnes qui ont leur domicile fiscal en France ;

- mais aussi les revenus de source française des personnes qui n'ont pas leur domicile fiscal en France.

La France recourt donc à la fois à la territorialité de la personne et à la territorialité du revenu pour appréhender le maximum de bases imposables.

Comme la plupart des autres États font de même, il en résulte :

- des conflits de souveraineté fiscale entre États ;

- une double imposition des revenus de source étrangère (imposés dans l'État de résidence du bénéficiaire et dans celui où a été versé le revenu, appelé État de la source) ;

- un frein considérable aux échanges internationaux et à la mobilité internationale (des personnes, des capitaux ou des entreprises).

Les conventions fiscales internationales, que concluent les États entre eux (il s'agit de traités internationaux bilatéraux), ont pour vocation de résoudre ces difficultés en :

- précisant, revenu par revenu, les droits d'imposer respectifs de l'État de résidence du contribuable et de celui de l'État de la source du revenu. Il s'agit du premier objectif de ces conventions ;

- éliminant les doubles impositions, soit par la voie de l'exonération (un seul État a le droit d'imposer le revenu, qui est en conséquence exonéré par l'autre État), soit par la voie du crédit d'impôt (l'impôt prélevé dans l'État de la source est imputé sur l'impôt dû dans l'État de résidence du contribuable). Il s'agit du deuxième objectif.

Les Etats, craignant que les contribuables (notamment les grands groupes de sociétés ou les personnes physiques fortunées) ne s'organisent pour délocaliser leur revenu dans un autre Etat disposant d'un régime fiscal plus favorable que le leur, se sont aussi dotés de moyens de lutter contre la délocalisation de revenus ; il s'agit des dispositifs visant à pénaliser les transferts directs ou indirects de bénéfices à l'étranger ou des mesures de lutte contre les paradis fiscaux.

Les conventions fiscales internationales, en organisant la coopération entre les administrations fiscales, visent alors à atteindre un troisième objectif : la lutte coordonnée entre les Etats contre la fraude et l'évasion fiscale.

Les États-Unis ont une conception encore plus extensive de leur compétence territoriale, puisqu'une personne de nationalité américaine doit déclarer l'ensemble de ses revenus à l'administration fiscale américaine et y payer ses impôts, quel que soit son lieu de résidence. C'est une exception au principe de la fiscalité internationale qui raisonne non pas à en termes de nationalité, mais en termes de résidence.

2. Un instrument de politique économique

Il ne s'agit pas de faire ici un cours de politique économique, mais juste de résumer très sommairement les impacts économiques de la politique fiscale tels qu'ils sont généralement décrits par la science économique.

Ces impacts peuvent être conjoncturels ou structurels.

a. Un instrument de politique économique conjoncturelle

Dans la théorie économique classique, le budget et la fiscalité devaient être neutres économiquement, afin de ne pas perturber la réalisation de l'équilibre économique sur les différents marchés (marché des biens et services, marché du travail, marché monétaire) qui était par définition censé se réaliser de manière optimale.

Keynes a révolutionné cette approche dans les années 1930, en démontrant que l'équilibre sur les marchés pouvait se réaliser de manière non optimale (équilibre de sous-emploi) et que l'outil budgétaire et fiscal pouvait être utilisé pour stimuler la demande en situation de chômage, et aider ainsi à créer des emplois.

En période de chômage non inflationniste, qui était la situation des économies occidentales dans les années 1930, et qui correspond à peu près à celle que connaît la France depuis plusieurs années, l'équilibre économique ne se réalise pas en effet de manière satisfaisante, puisqu'il s'agit d'un équilibre de sous-emploi.

Cette situation peut résulter d'une insuffisance de la demande de consommation ou de la demande d'investissement et/ou d'un excès d'épargne.

En application de la théorie keynésienne, la relance de l'économie peut passer par une augmentation de l'investissement public, qui va accroître la production des entreprises qui travailleront pour l'État, et qui de ce fait même vont devoir créer des emplois pour répondre au surcroît de demande résultant des commandes publiques. Ce mécanisme est connu en sciences économiques sous l'appellation de multiplicateur budgétaire.

La fonction économique de la politique budgétaire consiste alors à utiliser de la manière la plus efficiente possible les différents multiplicateurs budgétaires.

L'efficacité des multiplicateurs budgétaires a cependant été fortement remise en cause durant les années 1970. L'ouverture des économies modernes a changé la perspective. Il n'est plus possible de raisonner comme si l'économie était fermée. Une relance budgétaire pratiquée par un État peut se traduire par une forte hausse des importations et profiter donc aux économies des partenaires de cet État. Cela est particulièrement vrai, si ces partenaires se trouvent aussi en situation de croissance faible, et si cette relance n'est pas coordonnée avec leurs politiques budgétaires. Un bon exemple de cette situation est fourni par la relance budgétaire pratiquée par la France en 1981 et 82, alors que ses partenaires étaient en situation de stagnation économique, qui s'est traduite par une forte détérioration de la balance commerciale extérieure.

L'école monétariste a aussi montré que l'effet de relance budgétaire créé par un accroissement du déficit budgétaire est illusoire du fait de l'effet d'éviction. Les capitaux qui financent cet accroissement du déficit budgétaire ne sont en effet plus disponibles pour financer l'investissement privé, qui baisse en conséquence, ce qui annihile l'effet positif de la relance budgétaire.

Pour Keynes, la création d'emplois peut aussi passer par l'augmentation de la demande provenant des ménages, et plus précisément par l'augmentation de la propension à consommer des ménages.

Une réduction d'impôt conjoncturelle peut alors, par le biais de ce que l'on appelle les multiplicateurs fiscaux, augmenter le revenu disponible des agents économiques, et donc leur demande de biens et services.

Keynes indiquait, en effet, dans sa *Théorie générale* : « *Si la politique fiscale est délibérément utilisée comme un moyen de répartir plus également les revenus, elle contribue d'autant plus à accroître la propension à consommer* ».

Un des meilleurs exemples d'application de cette politique, classiquement citée par les manuels d'économie, a été la mise en place de « tax cuts » par l'administration Johnson aux États-Unis au milieu des années 1960.

À l'inverse, en période de surchauffe inflationniste, une augmentation des prélèvements fiscaux peut ralentir la machine économique qui s'est emballée.

Mais les économistes postkeynésiens ont ensuite mis en évidence que la relation peut aussi jouer de manière quasi automatique sans mise en place d'une politique volontariste, car l'état de la conjoncture économique influence les rentrées fiscales. Ainsi, en cas de récession, la baisse des revenus des ménages, due par exemple à l'augmentation du chômage, et la baisse corrélative de leur consommation, entraîne en effet une baisse des recettes fiscales, ce qui accroît le déficit budgétaire et donc, théoriquement du moins, aide à soutenir l'économie.

Symétriquement, en période de forte croissance, les revenus et la consommation des ménages augmentent. Les recettes fiscales augmentent en conséquence (ces augmentations sont qualifiées de plus-values fiscales), ce qui permet de dégager un surplus budgétaire, qui joue alors un rôle de ralentisseur de l'économie.

Ce mécanisme est connu sous le nom de « stabilisateurs automatiques ».

La persistance d'un déficit budgétaire récurrent en France depuis 1974 n'a cependant pas permis d'utiliser réellement la politique budgétaire et la politique fiscale à des fins économiques conjoncturelles.

Ainsi, parce qu'il fallait crédibiliser la monnaie et donner confiance aux marchés, toute politique de relance accroissant le déficit budgétaire a été bannie, tout d'abord au titre de la politique du « franc fort » (1983-1992) puis, parce qu'il fallait préparer le passage à l'euro (1993-1997).

Depuis 1997, le pacte de stabilité et de croissance européen oblige un État membre de l'Union européenne à prendre des mesures restrictives (réduction des dépenses, hausse de ses impôts), lorsque son déficit public (notion beaucoup plus large que celle de déficit budgétaire) dépasse le seuil des 3 % du PIB, ce qui arrive en période de très faible croissance du fait, comme nous venons de le voir, du jeu des stabilisateurs automatiques (la France a connu cette situation notamment en 1993 et en 2003 et à partir de 2008).

Lorsque la politique budgétaire et la politique fiscale visent uniquement à réduire le niveau du déficit budgétaire « nominal », sans faire de distinction entre ce qui relève du déficit conjoncturel (la partie passive du déficit résultant des stabilisateurs automatiques et reflétant seulement le mauvais état de la situation économique) et ce qui relève du déficit structurel (traduisant une politique volontariste de relance de l'économie), elles deviennent alors pro cycliques au lieu d'être contra cycliques.

Cela signifie qu'en période de ralentissement économique, se traduisant par de moindres rentrées fiscales et donc par une augmentation du déficit (qui est un déficit conjoncturel), l'État réduit ses dépenses ou augmente les impôts, réduisant la part structurelle du déficit. Par là même il accroît le marasme économique. C'est ce qui s'est passé en 1995, lorsque le gouvernement Juppé a fortement accru les impôts pesant sur les ménages, comme ceux pesant sur les entreprises (TVA, impôt sur le revenu, impôt sur les sociétés, ISF). L'objectif était de rapprocher le montant du déficit des finances publiques du seuil de 3 % du PIB. Cette augmentation brutale des prélèvements fiscaux a alors fait avorter la reprise économique qui s'était amorcée en France. C'est aussi ce qui s'est passé en 2012 lorsque François Hollande et Jean-Marc Ayrault ont là aussi fortement augmenté les impôts (impôt sur le revenu, impôt sur les sociétés, ISF) pour éviter que le déficit public ne dérape. La reprise de la croissance, constatée l'année précédente en 2011, a été cassée.

Cette politique trouve son inspiration dans le traité de Maastricht, qui a à la fois institué le principe de la création de l'euro et mis en place la Banque centrale européenne (BCE). L'objectif quasi unique assigné par les traités européens à la politique économique de la BCE et des États membres de la zone euro consiste en effet à lutter contre l'inflation et à rassurer les marchés. Contrairement à la Réserve fédérale américaine ou à la Banque d'Angleterre, les traités ne permettent pas à la BCE n'a pas le droit de financer les États. Il convient à tout prix de démontrer que les finances publiques sont sous contrôle. Les coûts éventuels en termes de chômage d'une telle politique ne sont pas pris en considération.

La politique de la BCE de 1999 à 2012 a indiscutablement maintenu la zone euro dans une situation de quasi-stagnation économique.

Mais à partir de septembre 2012 la BCE, sous l'impulsion de son nouveau président Mario Draghi a adopté une interprétation beaucoup plus souple des traités européens. Elle a tout d'abord engagé un programme de rachat de la dette publique secondaire. Si cela est conforme à la lettre des traités (elle ne souscrit pas directement des instruments de dette publique lors de leur émission par les États membres), il s'agit d'une violation de l'esprit des traités, car, en rachetant les instruments de dette publique, la BCE devient bel et bien le financier des États. C'est pour cette raison que le gouverneur de la Bundesbank a plusieurs fois voté contre les propositions de Mario Draghi au sein du conseil des gouverneurs de la BCE.

Elle a ensuite soutenu l'économie de la zone euro afin qu'elle ne tombe pas dans la déflation. Les traités confient à la BCE l'objectif quasi unique de lutter contre l'inflation. En conséquence, la BCE s'est donnée pour objectif que l'inflation ne dépasse pas 2 % par an en moyenne dans la zone euro. Mario Draghi a considéré que l'objectif de 2 % n'était pas qu'un plafond, mais constituait aussi un plancher, c'est-à-dire que l'inflation ne devait pas être inférieure à 2 %. Pour ce faire, lorsque l'inflation a fortement baissé dans la zone euro, la BCE a abaissé de manière très importante ces taux d'intérêt d'intervention sur les marchés.

C'est grâce à la politique monétaire accommodante de la BCE que les pays de la zone euro ont pu supporter les politiques d'austérité budgétaires des années 2013-2016 et éviter la récession. En agissant ainsi Mario Draghi a sauvé l'euro, dont l'existence était menacée en 2011 et 2012 et facilité les politiques d'ajustement compétitifs. Cela dit plusieurs États membres de la zone euro ont beaucoup souffert devant faire front à une augmentation dramatique du chômage. Ce fut le cas bien sûr de la Grèce, mais aussi de l'Espagne, du Portugal, de l'Irlande et de Chypre. La France, l'Italie et la Belgique ont aussi souffert, même si ce fut à un degré moindre. Seuls l'Allemagne, l'Autriche, les Pays-Bas et le Luxembourg ont traversé sans encombre les années 2008 à 2016, marquées successivement par la crise financière mondiale (2008/2010), la crise de la dette publique dans la zone euro (2011/2012) puis la politique d'austérité (2013/2016).

Le même type de politique procyclique peut se produire lorsque l'économie, au lieu d'être dans une phase de ralentissement se trouve au contraire en période de croissance forte. Cela s'est produit en 2000 et 2001, lorsque l'économie française se portait bien. Notre pays a alors engrangé des plus-values fiscales dues au fonctionnement des stabilisateurs automatiques cités ci-dessus. La croissance économique, plus forte que prévue, s'est traduite par des créations d'emplois et des hausses de revenus qui ont permis d'accroître la consommation des ménages et donc par contrecoup les recettes fiscales (impôt sur le revenu assis sur les revenus des ménages, TVA assise sur leur consommation). Le gouvernement de Lionel Jospin s'est trouvé accusé de disposer d'une « cagnotte fiscale » indue qui appartiendrait aux Français. Il a dû, pour mettre fin à la polémique, reverser aux Français cette cagnotte sous forme de réductions d'impôts, plutôt que de l'utiliser à réduire la dette publique.

Ces réductions d'impôts étaient injustifiées au plan budgétaire, car le budget de l'État restait déficitaire malgré cette cagnotte, du fait d'une part de déficit structurel importante. Comment d'ailleurs pouvait-on parler de cagnotte fiscale alors que le budget était en déficit ?

Ces réductions d'impôts ont en fait privé l'État de ressources pour le futur et ont donc obéré le rétablissement des finances publiques, ce qui s'est vérifié lorsque la conjoncture économique s'est retournée en 2002 et que le déficit budgétaire d'origine conjoncturelle s'est remis à croître.

Elles étaient aussi injustifiées sur le plan économique, puisque la croissance était élevée et que l'économie n'avait pas besoin d'être soutenue.

Enfin elles étaient injustifiées socialement, plusieurs des réductions d'impôts de la fin du gouvernement Jospin ayant surtout profité aux classes moyennes et aisées (baisse de l'impôt sur le revenu, suppression de la vignette automobile et du droit de bail) et non aux couches défavorisées.

Il est intéressant à cet égard de constater que, contrairement à l'Europe, les États-Unis continuent d'utiliser l'outil budgétaire et fiscal à des fins conjoncturelles.

Les administrations de Ronald Reagan, Georges W. Bush junior et Donald Trump ont en effet augmenté les dépenses et baissé les impôts pour soutenir l'économie (1982-1983, 2002-2003, 2017-2019), alors que l'administration Clinton n'a pas hésité à encaisser une cagnotte fiscale en période d'expansion (1996 à 1999).

La politique budgétaire et fiscale américaine est en fait restée relativement souple ne rejetant pas systématiquement l'inspiration keynésienne ; le recours à la baisse des impôts à des fins économiques par l'administration Bush en 2002/2003 ou celle de Trump depuis 2017 s'inscrit dans une politique budgétaire keynésienne, même si le choix de baisser les impôts sur les revenus les plus élevés est résolument conservateur.

Les États-Unis ont aussi recours à une « policy mix » intelligente. La politique monétaire de la Réserve fédérale (la Fed) et la politique budgétaire se coordonnent de manière efficace. En période de forte croissance (fin du mandat de Bill Clinton), la Fed a pratiqué une politique monétaire restrictive en haussant les taux d'intérêt. À l'inverse, en période de ralentissement de la croissance économique (après les évènements du 11 septembre 2001 ou suite à la crise du « subprime » et à la crise financière mondiale en 2007/2009), la Fed a œuvré à la relance de l'économie en abaissant ses taux d'intérêt.

La politique monétaire de la BCE ayant été peu sensible jusqu'en 2012 aux variations conjoncturelles, les mouvements des taux d'intérêt américains ont déterminé l'évolution de la parité entre l'euro et le dollar.

Un euro faible facilite les exportations européennes aux États-Unis et sur les marchés des pays dont la monnaie est liée au dollar (Canada, Australie, pays asiatiques comme Singapour…) et pénalise les importations en provenance de ces pays. À l'inverse, un euro fort renchérit les coûts de production européens et pénalise nos exportations, tout en facilitant les importations des pays de la zone dollar.

Il est intéressant à cet égard de noter la corrélation existante entre l'évolution du taux de change de l'euro et la croissance française. De janvier 1999 à janvier 2001, l'euro a baissé de 1,15 $ à 0,85 $. Cette dévaluation de l'euro a dopé la croissance française qui a été particulièrement forte ces années-là.

La remontée de l'euro à compter de janvier 2002 jusqu'au mois de mai 2005 où il a atteint 1,31 $ a coïncidé avec le ralentissement de la croissance française.

Ensuite l'euro a rebaissé du fait de la remontée des taux d'intérêt américains décidée par la Fed, ce qui a redonné de l'oxygène à notre économie en 2006 et 2007 et permis de faire baisser le chômage. La baisse des taux décidée par la Fed en septembre 2007 lors de la crise des subprimes puis de la crise financière a fait baisser à nouveau la parité du dollar contre l'euro (le cours de l'euro a dépassé alors pour la première fois le seuil de 1,40 $) et créé un effet restrictif sur la croissance française qui a duré jusqu'en 2014. Ensuite la politique accommodante de la BCE a produit ses effets et le taux de change euro/dollar est redescendu autour des 1,10-1,15, ce qui a permis à la croissance française de repartir.

En conclusion, la politique conjoncturelle de la zone euro a connu trois phases. De 1999 à 2010, elle a combiné politique budgétaire accommodante et politique monétaire restrictive. En 2011 et 2012, les deux politiques, budgétaire et monétaire, ont été restrictives, ce qui a eu des effets catastrophiques. De 2013 à 2017 la politique budgétaire a été restrictive et la politique monétaire accommodante.

b. Un instrument de politique économique structurelle

La fiscalité intervient aussi sur le plan économique de manière plus structurelle afin d'orienter les choix des agents vers tel ou tel bien ou produit.

En consentant un avantage fiscal, l'État agit en effet sur le prix du bien ou du produit et déplace l'équilibre du marché.

Cela est tout d'abord traditionnel dans le domaine des produits financiers.

L'exonération d'impôt sur le revenu des intérêts encaissés sur un livret A (dans la limite de 22.950 € de placement) vise ainsi à favoriser ce type d'épargne, dont les ressources financent le logement social.

De même, les avantages fiscaux accordés aux versements effectués sur des plan d'épargne retraite individuel ou collectif (PERCO) visent à drainer l'épargne vers ce type de produits.

Ce faisant, la fiscalité peut créer des distorsions économiques, qui ne sont pas toujours efficientes.

À titre d'illustration, le financement des sociétés par emprunts est favorisé fiscalement par rapport à celui par appel aux actionnaires.

En effet, les intérêts dus par l'entreprise à ses créanciers sont déductibles du bénéfice de la société. À l'inverse, les dividendes versés à ses actionnaires ne le sont pas.

La différence de traitement fiscal provient de la différence de traitement comptable. Les intérêts constituent des charges du compte de résultat, alors que les dividendes n'affectent pas le compte de résultat, mais uniquement les fonds propres de la société.

Les grands groupes utilisent cette manière d'optimiser leur résultat fiscal. C'est pour cela que la déduction des intérêts par les entreprises a été est limitée en 2012 sous François Hollande. Pour ne pas pénaliser les PME, cette limitation ne s'applique cependant que lorsque le montant des intérêts d'emprunt dépasse 3 millions d'euros.

De même, les achats d'équipements industriels neufs sont systématiquement avantagés par rapport aux autres investissements puisqu'ils peuvent être amortis à un rythme accéléré, via le dispositif d'amortissement dégressif.

La fiscalité peut aussi exercer une autre action structurelle, comme celle d'aider la recherche, par exemple.

Ainsi, les entreprises peuvent déduire immédiatement de leur bénéfice imposable les dépenses exposées dans les opérations de recherche scientifique ou technique. De même, elles bénéficient d'un crédit d'impôt recherche fonction du montant de leurs dépenses de recherche et de l'accroissement de celles-ci. Ce crédit d'impôt recherche constitue un facteur d'attractivité important pour l'économie française. C'est pour cette raison que de nombreux grands groupes internationaux ont localisé en France leurs centres de recherche.

Des aides fiscales spécifiques peuvent aussi favoriser la construction de logements, comme les déductions du revenu imposable accordées en cas d'investissements dans l'acquisition de logements neufs locatifs (dispositifs appelés des noms des ministres du logement successifs : Méhaignerie, Périssol, Besson, de Robien, Borloo, Pinel). Ces incitations ont permis de doper la construction ou de soutenir l'industrie du BTP lorsque la conjoncture était difficile (2013/2015). Mais elles n'ont pas complètement répondu à la question de la pénurie de logements en France ni à leur mauvaise répartition sur le territoire. La France connaît des zones où il y a trop de logements et de nombreuses autres zones où l'offre de logements est nettement trop faible.

Les prélèvements fiscaux et sociaux influent aussi sur l'allocation des facteurs de production. Ainsi l'importance des prélèvements pesant sur les salaires en France (cotisations sociales, patronales et salariales, taxe sur les salaires, CSG, impôt sur le revenu) favorise la substitution capital/travail (les entreprises ont intérêt à moderniser à outrance leurs organisations afin de remplacer les salariés par des machines), et/ou les délocalisations d'emplois vers des pays où les charges pesant sur les revenus du travail sont plus faibles. Cotisations sociales élevées et salaire minimum élevé (comparativement aux autres pays de la zone euro) se traduisent par un coût du travail non qualifié ou peu qualifié trop élevé en France, ce qui génère du chômage. C'est pour cela que François Hollande a engagé sous son quinquennat un plan massif de baisse du coût du travail (40 milliards d'euros) en instaurant le CICE et en abaissant les cotisations sociales patronales.

Dans cette optique, la politique fiscale peut donc être utilisée pour aider la création d'emploi en allégeant les prélèvements pesant sur les salaires.

C'est ce qui a été fait plusieurs fois ces dernières années :

- les cotisations salariales d'assurance maladie, qui sont assises uniquement sur les salaires, ont été réduites par le gouvernement Jospin au 1er janvier 1998, en contrepartie d'une hausse de la CSG (qui pèse sur l'ensemble des revenus d'activité, de placement et du patrimoine et non sur les seuls salaires) ;

- les charges sociales patronales pesant sur les bas salaires (entre le SMIC et 1,6 SMIC) ont été réduites (allègements Fillon de 2003) ;

- comme indiqué ci-dessus il a été engagé sous le quinquennat de François Hollande un plan massif de baisse du coût du travail (40 milliards d'euros) en instaurant le CICE et en baissant les cotisations sociales patronales ;

- Emmanuel Macron a supprimé en 2018 les cotisations sociales salariales maladie et chômage en finançant le coût budgétaire correspondant par une hausse de la CSG, comme Lionel Jospin en 1998. En 2019 il a transformé le CICE en baisses de cotisations sociales patronales.

3. Un instrument de justice sociale

La troisième fonction « traditionnelle » de l'impôt consiste à être un instrument au service d'une politique de justice sociale.

Cette mission, privilégiée durant les trente Glorieuses, a été cependant remise en cause par l'approche conservatrice/monétariste, remise en cause qui a trouvé à s'appliquer tout d'abord dans les pays anglo-saxons durant les années 1980, puis dans de nombreux autres États occidentaux.

a. Une redistribution en fonction des revenus et des patrimoines

Dans la vision de la société, qui a fait l'objet d'une sorte de pacte tacite au lendemain de la seconde guerre mondiale entre la gauche sociale-démocrate et la droite chrétienne-démocrate, l'État retient parmi ses objectifs celui d'essayer de corriger les imperfections sociales du marché.

Le marché a en effet pour fonction de fixer les prix des biens et les salaires en confrontant l'offre et la demande.

L'équilibre de marché se traduit alors souvent par de fortes inégalités de revenus.

L'impôt peut permettre de corriger partiellement ces inégalités de revenus, lorsqu'il est, par exemple, progressif avec le montant du revenu. L'impôt dû est alors proportionnellement plus élevé pour les hauts revenus que pour les revenus faibles. C'est la philosophie de l'impôt sur le revenu, introduit en France en 1914 suite à la réforme initiée par Joseph Caillaux.

Thomas Piketty a bien montré, dans son ouvrage sur les hauts revenus en France au XXe siècle, que la forte réduction des inégalités de revenus qu'a connue la France à partir de la fin de la Première Guerre mondiale, et qui s'est poursuivie, à un rythme plus faible jusqu'à la fin de la Seconde Guerre mondiale, a résulté, en grande partie, de l'introduction de l'impôt sur le revenu progressif.

De même, les droits de succession, qui reposent eux aussi sur un barème progressif, ont contribué à la réduction des inégalités de patrimoine.

Thomas Piketty écrit ainsi : *« Au cours de la période 1815-1914, les fortunes pouvaient s'accumuler sans crainte ni de l'impôt sur le revenu ni de l'impôt sur les successions (les taux d'imposition les plus élevés atteignaient des niveaux dérisoires avant 1914). À l'issue des chocs de la période 1914-1945, les conditions de l'accumulation de patrimoines importants se sont totalement transformées : les taux supérieurs de l'impôt sur le revenu et de l'impôt sur les successions ont atteint des niveaux extrêmement élevés (les taux appliqués aux revenus les plus élevés dépassent les 90 % dès les années 1920), et il est devenu matériellement impossible de retrouver des niveaux de fortune comparables à ceux qui prévalaient avant les chocs. L'ampleur des transformations ainsi induites mérite d'être soulignée : selon nos estimations, le fossé séparant les 0,01 % des revenus les plus élevés (qui en pratique sont toujours constitués pour une part prépondérante de revenus du capital) de la moyenne des revenus était de l'ordre de 5 fois plus considérable au début du XXe siècle qu'il ne l'est depuis 1945 ».*

Le système fiscal français n'est cependant plus aujourd'hui aussi réducteur des inégalités de revenus qu'il a pu l'être dans le passé :

- le poids de la TVA dans les recettes fiscales (plus de 45 % des recettes fiscales de l'État) joue plutôt un rôle en sens inverse. Le taux de TVA étant le même pour tous, c'est-à-dire 20 % (cette affirmation doit cependant être nuancée par le fait que le transport de personnes bénéficie d'un taux réduit de 10 %, les produits alimentaires d'un taux réduit de 5,5 % et les médicaments du taux super-réduit de 2,1 %), cet impôt frappe proportionnellement plus les titulaires de revenus faibles, qui consomment la totalité de ce qu'ils gagnent, que les titulaires de hauts revenus qui épargnent une partie de ce qu'ils gagnent ;

- le poids de l'impôt sur le revenu progressif, qui est le plus redistributif en fonction des revenus, est plus faible en France que chez nos partenaires. Selon les chiffres de l'OCDE, l'impôt sur le revenu représentait en 2016 18,8 % des prélèvements obligatoires en France contre 23,8 % en moyenne dans les pays membres de l'OCDE. Mais, pour autant sa progressivité est très importante et il faut noter que s'y ajoute la CSG.

Thomas Piketty explique dans son ouvrage cité ci-dessus que la structure de la répartition des revenus en France est à peu près stable depuis 1945. Cela signifie que le système fiscal français reste redistributif, mais que cet effet redistributif ne s'accroît pas ; il se contente d'empêcher la reconstitution des inégalités de revenus et de patrimoines existant avant 1914.

Dans *L'Économie sans tabou*, Bernard Salanié décrit les effets macroéconomiques actuels du caractère redistributif du système fiscal et social français :

« Pour ce faire, classons les ménages en cinq groupes que nous appellerons des quintiles. Le premier quintile Q1 est formé de 20 % des ménages, dont le revenu par personne et le plus bas, tandis que le cinquième quintile Q5 regroupe les 20 % de ménages dont le revenu par personne est le plus élevé. On s'aperçoit alors que la redistribution accroît de 70 % les revenus nets des ménages qui appartiennent à Q1 en leur versant des transferts familiaux et sociaux ; la moitié la plus démunie de ce quintile reçoit d'ailleurs plus de revenus sous forme de transferts que sous forme de salaires. À l'opposé, la redistribution prélève environ 15 % du revenu des ménages de Q5, les plus riches ; cette fois, c'est l'impôt sur le revenu qui en est responsable. L'effet de la redistribution sur les classes moyennes, disons sur les trois quintiles intermédiaires, est relativement faible : il accroît un peu les revenus de Q2 et réduit un peu ceux de Q4. En définitive, on peut dire que le système fiscal français utilise l'impôt sur le revenu pour prélever aux plus riches d'entre nous l'équivalent de 5 % du revenu des Français, et pour reverser cette somme aux plus démunis sous forme de transferts ».

b. Une redistribution en fonction des besoins sociaux

Le système français est d'autant plus redistributif qu'il ne faut pas se limiter à l'impact de la fiscalité proprement dite, mais il faut y intégrer aussi les conséquences des prélèvements sociaux.

La redistribution s'effectue alors aussi au profit :

- des parents ayant des enfants à charge : le système du quotient familial (qui n'existe pas chez la plupart de nos voisins) réduit la charge d'impôt sur le revenu des foyers avec enfants, et, de plus, une partie des cotisations sociales assises sur les revenus du travail financent les allocations familiales ;

- des personnes ayant des problèmes de santé : la CSG et une partie importante des cotisations sociales patronales assises sur les revenus du travail financent les dépenses de l'assurance maladie ;

- des inactifs (chômeurs, exclus et retraités) : une partie très importante des cotisations sociales assises sur les revenus du travail financent les revenus de ces populations inactives et la fiscalité permet de financer des dépenses de solidarité (revenu minimum d'insertion, allocations du fonds national de solidarité...).

Vu sous cet angle, le système français de prélèvements apparaît alors très fortement redistributif, car il a pour vocation d'assurer plusieurs risques sociaux, et pour ce faire prélève et redistribue des montants considérables.

Ainsi le taux de pauvreté en France, c'est-à-dire la proportion de Français ayant un revenu inférieur à 60 % du revenu médian (soit moins de 1.026 euros par mois en 2018 pour une personne seule), s'élevait en 2016 à 23,6 % de la population avant prise en compte des transferts sociaux (c'est-à-dire avant prélèvements sociaux et prestations sociales). Le taux de pauvreté est défini par la proportion de personnes vivant dans un ménage dont le revenu total est inférieur à 60 % du revenu médian (soit moins de 1.026 euros par mois en 2018 pour une personne seule).

Mais, après transferts sociaux, ce taux s'abaisse à 13,6 %, soit une baisse de dix points de PIB, ce qui est considérable.

Grâce à son système fiscal et social, la France a un taux de pauvreté les plus faible de l'OCDE, inférieur à ceux du Royaume-Uni (16 %), de l'Allemagne (16,5 %), de l'Italie (21 %) ou de l'Espagne (22,3 %).

La France est donc un pays assez inégalitaire avant transfert, mais qui dispose d'un système social coûteux certes, mais efficace. C'est le fameux « pognon de dingue » d'Emmanuel Macron qui faisait le constat que la France était une société trop inégalitaire et que l'on arrivait à réduire ces inégalités que par un système fiscal et social très coûteux. Sa volonté d'attaquer les inégalités à la racine, à l'école notamment dès le plus jeune âge, constitue la bonne solution qui permettra de rendre notre société structurellement moins inégalitaire et de faire des économies. Mais cela prendra beaucoup de temps.

Le système français bénéficie principalement aux personnes sans activité ou à faible activité (retraités, chômeurs, précaires, exclus) et relève de la philosophie de ce qu'on a appelé à la Libération le Welfare State ou l'État providence, système mis en place après la Seconde Guerre mondiale, notamment au Royaume-Uni (système de Beveridge) et en France (système de la Sécurité sociale).

Le principe de l'État providence a été remis en cause depuis les années 1980 par une partie des économistes et de la classe politique, d'inspiration conservatrice-libérale, qui invoque à l'appui de leurs thèses les arguments suivants :

- l'augmentation de la pression fiscale ne peut pas être infinie. Trop d'impôts tuent l'impôt, comme l'a montré la fameuse courbe de Laffer. La hausse du taux des prélèvements obligatoires (qui se situe à environ 44-45 % du PIB en France depuis une vingtaine d'années) se traduit par une fuite de la base imposable (les personnes sont découragées de travailler, les entreprises n'investissent plus, la fraude fiscale se développe...) ;

- le système français souffre de son inefficacité bureaucratique. Le transfert de sommes d'argent considérables, via différents circuits et sous la responsabilité d'une multitude de décideurs, se traduit par une gestion inefficace, et des gaspillages considérables ;

- la France doit retenir l'approche libérale anglo-saxonne visant à permettre aux agents de disposer librement de leurs revenus, sans avoir à acquitter des prélèvements obligatoires, quitte à s'assurer pour leurs risques sociaux auprès d'organismes privés.

L'amélioration de l'efficacité du système de redistribution français est indiscutablement nécessaire ; elle ne doit cependant pas pour autant remettre en cause le principe de solidarité entre ceux qui possèdent (des revenus, la santé ou un emploi) et ceux qui n'ont rien ou peu (de revenus, de santé, d'emploi), principe qui fait partie de notre pacte social.

c. Un système certes redistributif, mais qui taxe fortement les facteurs de production

Ainsi que décrit ci-dessus, le système français est donc très redistributif, de manière « horizontale » (des actifs vers les retraités et les chômeurs, des bien-portants vers les malades), mais aussi verticale (des contribuables aisés et des classes moyennes vers les personnes vivant dans la précarité ou dans la pauvreté).

Mais pour ce faire, il leste les facteurs de production que sont le travail et le capital et donc handicape notre croissance économique.

De nombreux prélèvements pèsent en effet sur le travail : cotisations sociales patronales, taxe sur les salaires, cotisations sociales salariales, CSG d'activité, impôt sur le revenu progressif. De même, le capital subit l'impôt sur les sociétés, le PFU sur les dividendes et plus-values de cession de titres, les droits de succession et donation.

La priorité devrait être de réduire ces prélèvements sur les facteurs de production en réduisant les dépenses publiques et en augmentant les prélèvements sur la consommation (TVA) et les prélèvements sur l'énergie (taxe carbone).

Le programme présidentiel d'Emmanuel Macron allait exactement dans cette direction. Comme indiqué plus haut, il consistait à alléger à la fois la fiscalité sur le travail et sur le capital et à accélérer la trajectoire de la hausse de la taxe carbone décidée sous François Hollande.

Mais la machine s'est grippée.

Tout d'abord, pendant la campagne présidentielle, Emmanuel Macron a rajouté à son programme la suppression de la taxe d'habitation pour 80 % des foyers. Mesure sociale qui complétait son programme fiscal plus d'inspiration initiale plus économique que sociale. Mais cela alourdissait la facture de 10 milliards d'euros. De plus, le Conseil constitutionnel a validé la mesure votée dans le cadre de la loi de finances pour 2018, tout en indiquant qu'il se réservait la possibilité de revoir la mesure, sous l'angle de l'égalité devant les charges publiques, via une future question prioritaire de constitutionnalité (QPC). Il laissait ainsi entendre qu'il pourrait censurer la mesure si la suppression de la taxe d'habitation n'était pas étendue à tous les contribuables, d'où un coût supplémentaire de 10 milliards.

Ensuite, la date de mise en œuvre de la suppression des cotisations salariales maladie et chômage, prévue initialement pour le 1er janvier 2018, a été décalée au 1er octobre, pour des raisons budgétaires. De ce fait, 60 % des retraités ont vu la CSG applicable à leurs pensions augmenter sans que les salariés ne voient leur salaire net augmenter en même temps.

Enfin la hausse de la taxe carbone au 1er janvier 2018 est intervenue à un moment où les cours du pétrole repartaient à la hausse, rendant cette augmentation de taxe particulièrement sensible.

Ainsi à la rentrée de septembre 2018, la taxe carbone avait augmenté pour tout le monde et la CSG pour 60 % des retraités, tandis que la pression fiscale n'avait baissé que pour les hauts patrimoines (remplacement de l'ISF par l'IGI) et les revenus financiers (instauration du PFU). D'où un retour du ras-le-bol fiscal connu sous François Hollande, assorti d'un fort sentiment d'injustice fiscale. Le mouvement des gilets jaunes démarra alors en novembre 2018, au moment où paradoxalement les baisses fiscales bénéficiaient enfin à tous les Français (suppression des cotisations salariales maladie et chômage pour tous les salariés et baisse de 30 % de la taxe d'habitation pour 80 % des foyers). Mais cela était trop tard, le mal était fait.

Le mouvement des gilets jaunes a amené Emmanuel Macron à annoncer toute une série de mesures en décembre 2018, dont la suspension du mouvement de la hausse de la taxe carbone, l'annulation de la hausse de la CSG pour 30 % des retraités (seuls finalement 30 % d'entre eux l'auront subie), l'accélération à début 2019 et l'amplification de la hausse de la prime d'activité, la création d'une prime défiscalisée pour les salaires inférieurs à 3 Smic et le décalage dans le temps de la baisse du taux de l'IS pour les grandes entreprises.

Il a ensuite lancé le grand débat national, qui a fortement porté sur la fiscalité au point qu'il a pu apparaître comme essentiellement un débat fiscal.

Selon l'étude d'Opinion Way, réalisée dans le cadre de la présentation des résultats du grand débat organisé par le Premier ministre, Édouard Philippe, le 8 avril il ressortait que pour que la fiscalité soit plus juste et efficace, plusieurs pistes étaient citées par les Français : que tout le monde paye l'impôt sur le revenu (34,7 %), que la fiscalité soit réformée et simplifiée (28,2 %), que les plus riches contribuent davantage (27,8 %), que les niches fiscales soient supprimées (11,8 %) et que l'ISF soit rétabli (10,3 %).

Parmi les répondants, 12,9 % proposaient de réduire la TVA sur les produits de première nécessité.

Enfin, malheureusement 58 % des répondants n'étaient pas prêts à payer un impôt qui encourage des comportements bénéfiques à la collectivité, comme la fiscalité écologique ou la fiscalité sur le tabac et l'alcool.

Finalement Emmanuel Macron n'annoncera qu'une seule mesure fiscale à l'issue du grand débat : une baisse de l'impôt sur le revenu d'un montant de 5 milliards, bénéficiant aux foyers imposés relevant des deux premières tranches du barème, celles à 14 % et 30 %.

CHAPITRE IV
LES PRÉLÈVEMENTS OBLIGATOIRES : UN CONCEPT À MANIER AVEC PRUDENCE

Depuis l'adoption en 1993 du traité de Maastricht, puis du pacte de stabilité et de croissance européen en 1997, le concept de prélèvements obligatoires est devenu plus important dans le débat politique que celui d'impôts stricto sensu.

Le ratio de déficit public par rapport au PIB, qui permet, en application du pacte de stabilité et de croissance européen, de suivre l'évolution de la situation des finances publiques, compare en effet l'ensemble des recettes des administrations publiques, c'est-à-dire l'Etat, les collectivités locales, les établissements publics, mais aussi les administrations de Sécurité sociale aux dépenses de ces mêmes administrations publiques.

Le système européen de comptabilité nationale SEC 95 définit plus précisément les finances publiques comme les finances de quatre grands blocs : 1/l'État ; 2/les organismes divers d'administration centrale (ODAC), qui comprennent notamment les établissements publics étatiques ; 3/les administrations de Sécurité sociale (ASSO) et 4/les administrations publiques locales (APUL).

Ce sont les recettes de ces quatre catégories d'organismes qui sont qualifiées de prélèvements obligatoires.

Dans cette approche, la politique fiscale, au sens large, se confond avec la gestion des prélèvements obligatoires. La pression fiscale d'un État est d'ailleurs souvent appréciée à partir du rapport entre les prélèvements obligatoires et le PIB.

Ainsi, en 2017, selon les statistiques de l'OCDE, les prélèvements obligatoires s'élevaient à 46,2 % du PIB français (avant crédits d'impôts, ce qui explique que ce chiffre soit plus élevé que celui avancé par l'INSEE) soit le taux le plus élevé de l'OCDE devant le Danemark (46 %), la Suède (44 %), l'Italie (42,4 %), l'Allemagne (37,5 %), l'Espagne (33,7 %), le

Royaume-Uni (33,3 %), le Canada (32,5 %), le Japon (30,6 %) ou les États-Unis (27,1 %).

Pour autant, impôts et prélèvements obligatoires ne reflètent pas la même réalité ; ils constituent deux concepts différents.

1. Impôts et prélèvements obligatoires

Les notions d'impôts et de prélèvements obligatoires sont définies à la fois par le système européen de comptabilité nationale (SEC) et par le droit public français.

Le SEC 95 distingue ainsi deux types de prélèvements obligatoires :

- les impôts, qui sont les versements obligatoires sans contrepartie à une administration publique ou aux institutions communautaires ;

- les cotisations sociales versées aux administrations publiques.

En droit français, les *« impositions de toute nature »* relèvent, en application de la Constitution (notamment de son article 34), du domaine de la loi pour tout ce qui concerne la fixation de leur assiette, de leurs taux et des modalités de leur recouvrement.

De même, leur perception doit être autorisée chaque année par le Parlement dans le cadre du vote de la loi de finances initiale ; ce principe a été réaffirmé par la loi organique du 1er août 2001 relative aux lois de finances (dite LOLF).

Si le régime juridique applicable à l'impôt est donc précisé par la Constitution et la LOLF, pour autant aucun texte de droit français ne définit précisément ce qu'est un impôt.

Traditionnellement, c'est la définition donnée par le professeur Jèze dans les années 1930 qui est acceptée : *« l'impôt est une prestation pécuniaire requise par voie d'autorité à titre définitif et sans contrepartie, en vue de la couverture des charges publiques ».*

Les deux éléments importants de cette définition sont les suivants :

- *« requise par voie d'autorité »* ;
- *« et sans contrepartie ».*

Cette définition de l'impôt recoupe largement celle du SEC 95 donnée ci-dessus.

On peut donc définir un impôt comme :

- un prélèvement légalement obligatoire,
- perçu sans contrepartie.

Les cotisations sociales constituent certes, elles aussi, des prélèvements légalement obligatoires, mais, contrairement aux impôts, elles ouvrent droit à une contrepartie, en l'occurrence une prestation sociale.

Cette différence est très importante, et s'avère particulièrement sensible lorsque les pouvoirs publics mettent en place des exonérations de cotisations sociales, par exemple pour ne pas pénaliser les bas salaires, compenser le coût des 35 heures ou pour encourager les heures supplémentaires.

Ainsi le montant de ces exonérations sur les bas salaires (exonérations sur les salaires inférieurs à 1,6 SMIC, dites exonérations Fillon) s'élevait à 25 MM€ en 2017.

Les exonérations de charges sociales doivent en effet être compensées par le budget de l'État vers celui de la Sécurité sociale. À défaut, les salariés perdraient le droit aux prestations correspondantes, notamment en matière de retraite. C'est pour cette raison que les exonérations de cotisations sociales ne diminuent pas le montant des prélèvements obligatoires ; elles sont comptabilisées comme dépenses de l'État en faveur de l'emploi. Il en était de même du CICE qui était égal en 2018 à 6 % (7 % en 2017) des salaires inférieurs à 3 Smic.

La compensation peut s'effectuer de trois manières : par des crédits budgétaires en provenance du budget de l'État, par des reprises par le budget de l'État de dépenses assumées antérieurement par la Sécurité sociale pou par l'affectation d'impôts (une part de la TVA, la taxe sur les salaires).

Les cotisations sociales ne sont donc pas des impôts, mais font partie des « ressources publiques » au sens de la Constitution (décision du Conseil constitutionnel n° 11 DC du 20 janvier 1961).

Si la fixation des caractéristiques des cotisations sociales relève du domaine de la loi, en revanche, leurs taux sont fixés par décret.

Il existe donc deux types de prélèvements légalement obligatoires, bien distincts :

- ceux perçus sans contrepartie : les impôts ;
- ceux perçus en contrepartie de prestations sociales : les cotisations sociales.

La France se caractérise ainsi par un niveau de cotisations sociales très élevé, 16,8 % de son PIB en 2017, taux supérieur à celui de tous les autres pays : Allemagne (14,2 %), Italie (12,9 %), Suède (9,7 %), États-Unis (6,3 %), Royaume-Uni (4,4 %), Canada (4,6 %) et Danemark (0 %).

En revanche, le poids des impôts stricto sensu en France n'est pas excessif, comparativement à celui constaté dans les autres pays : 29,4 % du PIB en 2017, ce qui la place devant l'Espagne (24 %), l'Allemagne (23,3 %) et les États-Unis (20,8 %), mais loin derrière le Danemark (46 %) et la Suède (34,3 %) et à peu près au même niveau que l'Italie (29,5 %), le Royaume-Uni (28,9 %) et le Canada (27,9 %).

2. Le financement des assurances sociales

Les dépenses sociales ont fortement augmenté ces dernières années dans les différents États occidentaux, et plus particulièrement en France. Cela reflète le progrès médical et le vieillissement des populations.

D'ailleurs, depuis plusieurs années, le budget social de la nation représente dans notre pays un montant plus élevé que le budget de l'État.

De ce fait, en France, le principal poste de dépenses publiques, au sens du système européen de comptabilité nationale (SEC), est constitué par les dépenses sociales.

Ces dépenses sociales sont appréhendées par le biais de plusieurs agrégats.

Ainsi chaque année le Parlement vote, en application de l'article 47-1 de la Constitution, une loi de financement de la Sécurité sociale qui détermine *« les conditions générales de son équilibre financier et, compte tenu de leurs prévisions de recettes, fixe ses objectifs de dépenses »*.

Cette loi de financement de la Sécurité sociale regroupe les seules dépenses des régimes obligatoires de base de la Sécurité sociale, ce qui constitue un périmètre très étroit, qui n'est lui-même qu'un sous-ensemble du budget social de la nation.

Les comptes des administrations de Sécurité sociale (ASSO) constituent un agrégat plus large qui regroupe les comptes de la Sécurité sociale, ainsi que ceux des régimes complémentaires obligatoires de retraite (AGIRC, ARCCO) et des différents régimes d'assurance chômage.

C'est ce dernier agrégat qui est retenu pour suivre l'évolution des dépenses publiques au sens du pacte de stabilité et de croissance européen. Il s'élevait en France, en 2017, à 587 MM€, contre 423 MM€ pour les dépenses de l'État et 251 MM€ pour les dépenses des administrations publiques locales (APUL).

Les comptes de la protection sociale suivis par l'INSEE incluent en plus les dépenses sociales des collectivités locales, ainsi que celles de différents fonds (FNRC, FNTE), de l'ANPE et des mutuelles.

Dans une perspective plus économique, la notion de dépenses sociales recouvre la satisfaction de besoins sociaux (de santé, de retraite, d'allocations chômage…), besoins qui peuvent être financés de nombreuses manières.

Ainsi, à titre d'illustration, les dépenses d'assurance maladie sont financées par quatre types de recettes :

- des impôts (comme la CSG, la taxe sur les salaires, les taxes sur les tabacs, une fraction de la TVA) ;

- des cotisations sociales légalement obligatoires (assises sur les revenus des cotisants et payées par eux, auxquelles s'ajoutent les cotisations patronales dues par les employeurs des salariés affiliés) ;

- des cotisations contractuellement obligatoires (cas des cotisations versées à des mutuelles auxquelles adhèrent des entreprises pour le bénéfice de leurs salariés). Les prestations assurées par ces mutuelles sont financées par des cotisations de l'employeur - qui ne sont pas considérées comme des avantages en nature accordés aux salariés et ne sont donc imposables à l'impôt sur le revenu si l'adhésion à la mutuelle est obligatoire - et éventuellement par des cotisations acquittées par les salariés ;

- des primes librement versées par l'assuré (à une mutuelle à laquelle il adhère individuellement, ou à une compagnie d'assurance).

Les deux premiers types de recettes sont considérés, au niveau national comme au niveau communautaire, comme des prélèvements obligatoires, et entrent donc dans le calcul des différents indices suivis au plan macroéconomique (comme le taux de prélèvements obligatoires, ou le ratio de déficit des finances publiques rapporté au PIB).

Mais le premier type de financement (l'impôt) se distingue des trois autres, car il est le seul à être acquitté sans contrepartie (et cela au titre de la solidarité nationale). Le paiement de la CSG ne crée en effet aucun droit au bénéfice du contribuable qui l'a supporté.

En revanche, les trois autres types de financements constituent des paiements acquittés, obligatoirement (en application de la loi ou d'un contrat collectif) ou librement (en application d'un contrat individuel), en contrepartie de prestations. Leur paiement crée des droits à des prestations au bénéfice de l'assuré qui les a supportés. Il s'agit en fait de recettes d'assurance (obligatoire ou facultative).

Le fait que ces paiements d'assurance soient rendus légalement obligatoires ou relèvent de l'initiative privée collective (ils sont alors contractuellement obligatoires) ou individuelle (ils sont alors libres) reflète le rôle plus ou moins important joué par les mécanismes de solidarité et l'intervention plus ou moins développée des pouvoirs publics.

Pour se faire une juste idée de l'importance des dépenses sociales dans un pays et de l'état de leur financement, il conviendrait donc de prendre en compte l'ensemble des recettes affectées à la satisfaction des besoins sociaux quelle que soit leur qualification juridique.

Ne retenir dans les critères de comparaison que les recettes légalement obligatoires (les prélèvements obligatoires) affectées au financement des dépenses sociales publiques, comme cela est fait dans le cadre du pacte de stabilité et de croissance européen, pénalise les États qui, comme la France, privilégient la solidarité nationale. Cela incite en conséquence ces Etats à réduire leurs dépenses sociales publiques, et ce au détriment de la justice sociale, car seuls les plus aisés pourront compenser cette baisse de prestations par des assurances privés et au détriment aussi du soutien de la demande économique des ménages.

Sous une apparence purement technique, cette décision de se concentrer sur l'évolution du niveau de prélèvements obligatoires traduit donc un choix politique.

Ainsi, par exemple, lorsque les dépenses de santé sont financées par des assurances privées, il en résulte, au plan de la comptabilité nationale, une augmentation de la richesse nationale disponible. En revanche, lorsqu'elles sont financées par des cotisations sociales légalement obligatoires, il en résulte comptablement une diminution de la richesse nationale disponible.

La comptabilité nationale, autant européenne que française, est implicitement fondée sur l'hypothèse que le financement privé (par des cotisations mutualisant le risque au niveau d'une entreprise ou par des primes versées au titre de contrats individuels) est préférable aux financements faisant appel soit à la solidarité nationale (par l'impôt) soit à la mutualisation nationale (par le biais de cotisations sociales légalement obligatoires).

Cela est par définition politiquement contestable, mais aussi assez simpliste juridiquement. En effet, dans de nombreux États étrangers (États-Unis, Canada, Allemagne...), de nombreux salariés, ceux des grandes entreprises, sont obligés d'adhérer aux systèmes de retraite complémentaire gérés par leur employeur ; ils ne disposent en réalité pas plus de liberté que les salariés français, obligés de cotiser à l'AGIRC-ARRCO.

Pourtant, dans le premier cas, les cotisations ne sont pas comptabilisées parmi les prélèvements obligatoires, alors qu'elles le sont dans le second, et cela tout simplement parce qu'en France, c'est la loi qui impose cette obligation, alors que dans ces autres États étrangers, c'est le règlement de l'entreprise ou la convention collective qui l'impose.

3. Pour une approche plus différenciée

a. Le financement des dépenses sociales ne ponctionne pas plus le revenu national en France que dans les autres pays

Afin de tenir compte des particularités historiques, culturelles et sociales de chaque État et de fournir une information aussi complète que possible, il est en fait nécessaire de suivre en parallèle plusieurs indicateurs comptables :

- tout d'abord celui de la véritable pression fiscale en % du PIB, qui ne doit donc inclure que les impôts, qu'ils soient perçus au profit de l'État, des collectivités locales de la Communauté européenne ou affectés à des régimes sociaux ;

- puis celui des prélèvements obligatoires totaux.

Cette approche se justifie économiquement, car l'impôt constitue bien un prélèvement sur le revenu des agents économiques. Certes, ce prélèvement est utilisé à financer la satisfaction des besoins des citoyens (éducation, police, défense nationale...), mais il s'agit de besoins collectifs non individualisables. En contrepartie du paiement de l'impôt le contribuable n'acquiert pas des droits individualisables à des prestations définies.

En revanche, les cotisations sociales ne constituent pas de réelles ponctions sur le revenu puisqu'elles ouvrent droit, en contrepartie de leur paiement, à une assurance sociale. Elles sont compensées par une injonction par la Sécurité sociale de revenu supplémentaire. Il s'agit d'une redistribution de revenus. En effet, les cotisations sociales ont pour contrepartie des droits individualisables, se traduisant par une distribution de pouvoir d'achat au profit des ménages (remboursement de soins médicaux, versement de pensions de retraite, d'allocations familiales, d'allocations chômage). Ce pouvoir d'achat supplémentaire accroît alors la consommation des ménages et donc le revenu national.

En fait, seul le solde, s'il est positif (ce qui n'est plus le cas depuis longtemps), entre les cotisations sociales et les prestations sociales, constitue un réel prélèvement sur le revenu national.

Il conviendrait enfin de suivre un troisième indicateur prenant en compte la totalité des ressources finançant les dépenses sociales, quel que soit leur régime juridique (impôt, cotisations sociales légalement obligatoires, cotisations contractuellement obligatoires, primes d'assurance individuelle).

Le suivi simultané de ces trois indicateurs permettrait d'avoir une vue plus complète et plus nuancée de la situation de la France, comparée à celles des autres grands pays industrialisés.

Il est ainsi intéressant de constater que, selon les comptes nationaux de la Santé publiés par l'OCDE, les Français dépensaient en 2016 environ un tiers de moins que les Américains pour leur santé (11 % du PIB contre 17,2 %).

Appréciées sous cet angle, les dépenses de santé ne paraissent donc pas excessivement élevées en France. Et leur financement majoritairement public permet un accès bien plus égal aux soins. Aux États-Unis, pays qui consacre à la santé la part de son PIB la plus importante au monde, une bonne part de la population n'a pas accès aux soins, car il n'y existe pas d'assurance-maladie universelle obligatoire. La réforme de Barack Obama allant dans ce sens a en effet été remise en cause par Donald Trump.

Le financement des dépenses de santé est devenu un problème politique dans notre pays notamment parce que, d'une part, il a été décidé, en France et dans l'Union européenne, de surveiller le ratio de prélèvements obligatoires par rapport au PIB et celui de déficit des finances publiques par rapport au PIB et, d'autre part, d'inciter à faire baisser son niveau.

Le financement légalement obligatoire est perçu comme une contrainte qui pénalise l'économie ; à l'inverse le financement privé est perçu comme plus efficace et posant moins de problème. Un système de retraites financé par des prélèvements obligatoires est vu comme moins sain qu'un système financé par des fonds privés.

Ces critères pénalisent le système français parce que ce système repose largement sur l'impôt et les cotisations sociales légalement obligatoires, ce qui n'est pas le cas, par exemple, de celui des États-Unis.

Mais surtout cette approche ne reflète pas la réalité économique. Ainsi au début des années 2000, les constructeurs automobiles américains (General Motors, Ford et Chrysler) ont vu leurs résultats fortement diminués par l'accroissement de leurs cotisations aux régimes de retraites (les fonds de pension) et d'assurance maladie qui les lient à leurs salariés.

Il s'agit certes de régimes privés, mais rendus obligatoires en application d'accords contractuels conclus entre les employeurs et les organisations syndicales (le puissant syndicat United Auto Workers). La faillite, en 2005, d'un des plus gros sous-traitants de l'industrie automobile américaine, Delphi, a trouvé son origine notamment dans l'accroissement de ces cotisations sociales. La reprise par son actionnaire, General Motors, de ses engagements vis-à-vis de ses salariés a à son tour accru les propres difficultés du constructeur automobile.

En 2006, les engagements de santé des trois constructeurs américains vis-à-vis de leurs salariés représentaient 114 MM $. Afin d'alléger leur bilan ils ont souhaité confier à un fonds spécifique, financé pour l'essentiel par les constructeurs, mais géré par le syndicat UAW, la couverture sociale de près de 600.000 salariés ou retraités, et leur famille.

L'accord n'a pu aboutir en septembre 2007 qu'après de dures négociations ponctuées d'une menace de grève par les 73.000 salariés de General Motors.

En définitive les constructeurs automobiles américains sont aujourd'hui plus pénalisés par le coût des régimes sociaux de leurs salariés que les constructeurs français ne le sont par le poids des cotisations sociales françaises légalement obligatoires.

Ces limites de la distinction entre prélèvements obligatoires et financements privés peuvent aussi être illustrées par la comparaison des situations respectives de la France, de l'Allemagne et des États-Unis.

En France, le financement des régimes de retraite repose essentiellement sur des cotisations légalement obligatoires, alors qu'aux États-Unis ce financement repose largement sur des cotisations contractuellement obligatoires, l'Allemagne recourant aux deux mécanismes. En France, la totalité des cotisations sont classées dans les prélèvements obligatoires, aux États-Unis aucune de ces cotisations ne l'est, en Allemagne seule une partie d'entre elles l'est.

Mais économiquement le financement des retraites ne ponctionne pas plus le revenu national en France qu'en Allemagne ou aux États-Unis, car dans les trois pays le fonctionnement des régimes de retraite redistribue du pouvoir d'achat des actifs vers les retraités via des mécanismes financiers qui peuvent être différents (régimes de répartitions/régimes de capitalisation), et plutôt publics comme en France (avec une gestion impliquant les partenaires sociaux) ou privés comme aux États-Unis (avec une garantie ultime accordée par l'État fédéral). Dans les différentes situations, il s'agit au plan macroéconomique de systèmes de même nature.

Ainsi, augmenter les cotisations sociales pour financer l'accroissement des retraites à verser du fait de l'évolution démographique n'est pas plus critiquable d'un point de vue économique que de créer des plans d'épargne retraite individuels (PERP), comme l'a fait le gouvernement Raffarin, ou de recourir à des fonds de pension comme aux États-Unis.

Dans tous les cas le résultat macroéconomique est le même : il s'agit de ponctionner du pouvoir d'achat des actifs pour le redistribuer aux retraités. Mais les conséquences sociales ne sont pas les mêmes. L'augmentation des cotisations de retraite est plus égalitaire que la création de plans de retraite par les grandes entreprises, ce que ne peuvent pas se permettre les PME, ou que la création d'épargne retraite individuelle auxquels ne peuvent souscrire que les personnes aux revenus les plus élevés (ils sont les seuls à pouvoir bénéficier de la déduction fiscale accordée aux primes versées sur ces plans).

De même, accroître les cotisations sociales pour financer le déficit du régime général d'assurance maladie n'est pas économiquement critiquable, si on souhaite maintenir un système de santé de qualité et bénéficiant à tous les Français sans distinction de revenus. Le problème vient du fait qu'il s'agit essentiellement de cotisations assises sur les salaires, ce qui accroît le coût du travail et crée du chômage, mais c'est une autre question (voir b ci-dessous).

À l'inverse, réduire les dépenses de santé, ou même les empêcher d'augmenter, détériore la qualité des prestations. La conséquence inéluctable à terme d'une telle politique – la privatisation partielle du financement de l'assurance maladie, sur le modèle américain - créerait des inégalités vis-à-vis du système de santé non conformes à notre modèle politique et social.

b. Le recours à la TVA « sociale »

Quant aux modalités de financement des dépenses sociales, elles ont pendant trop longtemps reposé quasi uniquement sur des cotisations calculées en fonction des revenus d'activité, ce qui a accru le coût du travail et pénalisé, toutes choses égales par ailleurs, l'emploi.

L'introduction par le gouvernement de Michel Rocard, à compter de 1990, d'un impôt comme la CSG, assis sur l'ensemble des revenus (ceux du travail, ceux de remplacement comme les retraites ou les allocations de chômage, ceux des placements financiers et ceux du patrimoine), et affecté à la protection sociale (Caisse nationale d'assurance maladie, Caisse nationale des allocations familiales et Fonds de solidarité vieillesse), a manifesté non seulement la solidarité nationale, mais a, de plus, permis de ne plus asseoir la totalité des recettes de la Sécurité sociale sur les revenus du travail.

Le transfert en 1998 organisé par le gouvernement Jospin d'une partie des cotisations sociales salariales vers la CSG a permis de commencer à rééquilibrer le financement de la Sécurité sociale, en sollicitant un peu moins les revenus d'activité et en faisant participer l'ensemble des revenus à ce financement. Emmanuel Macron a fait de même en 2018 en supprimant les cotisations sociales salariales maladie et chômage, suppression financée par une augmentation là aussi de la CSG.

Mais ces mesures ne concernent que les cotisations salariales et ont donc pour conséquence d'augmenter le pouvoir d'achat des actifs, sans pour autant réduire le coût du travail pour l'employeur.

Pour réduire le coût du travail, Nicolas Sarkozy avait proposé durant la campagne présidentielle de 2007 d'expérimenter « la TVA sociale ».

Il s'agissait de réduire les cotisations sociales patronales pesant sur les salaires (principalement celles finançant les risques maladie et famille) et de compenser le manque à gagner pour la Sécurité sociale par l'augmentation du taux normal de TVA, le supplément de recettes en résultant étant affecté au budget social.

Les cotisations sociales patronales accroissent en effet de manière considérable le coût du travail, puisqu'elles se montent en moyenne à environ 45 % du montant du salaire brut. Rappelons toutefois que ce taux baisse pour les salaires élevés en raison de l'existence de cotisations plafonnées, le barème des cotisations sociales étant dégressif en fonction du revenu, contrairement à celui de l'impôt sur le revenu qui est progressif.

Par ailleurs, il existe déjà plusieurs mécanismes d'allègement des cotisations patronales en faveur des bas salaires (allègements Fillon de 2003) ainsi que pour favoriser le recours aux heures supplémentaires (instaurées sous Nicolas Sarkozy, supprimées par François Hollande et rétablies par Emmanuel Macron).

Un tel transfert de charges présenterait l'avantage à la fois d'abaisser le coût du travail et de taxer les importations qui constituent un fait générateur de la TVA. C'est pour cette raison qu'elle est aussi qualifiée de TVA « antidélocalisations » ou de dévaluation fiscale, la hausse de la TVA couplée à une baisse du coût du travail équivalant à une dévaluation, dévaluation qu'il n'est plus possible de réaliser au sein de la zone euro.

C'est ce qu'a réalisé le Danemark en 1987 ; c'est pour cette raison qu'il dispose du taux de TVA le plus élevé d'Europe (25 %), et qu'il n'y a pas de cotisations sociales au Danemark.

C'est aussi qui a été fait en Allemagne en janvier 2007, date à laquelle le taux normal de TVA est passé de 16 à 19 % pour financer la baisse des cotisations sociales patronales.

La troïka (Commission européenne, BCE et FMI) a aussi imposé ce genre de dévaluation fiscale aux pays de la zone euro qui ont connu une grave crie de compétitivité en 2010/2012 : Grèce, Espagne, Portugal.

Les partisans de la TVA « sociale » expliquent que l'abaissement des charges des entreprises, résultant de la baisse des cotisations sociales patronales, leur permettra de baisser le prix de vente hors taxes de leurs produits, baisse qui ferait plus que compenser la hausse de la TVA, puisqu'une partie de cette hausse serait supportée par les importations.

Mais une telle hausse de la TVA suscite de nombreuses interrogations. Ainsi il n'est pas évident du tout que les entreprises répercuteront la totalité de leur économie de charges sociales sur leurs clients. Elles en garderont probablement une partie pour améliorer leurs marges, qui sont souvent comprimées par la concurrence internationale.

Dans ce cas-là, les prix TTC à la consommation augmenteront (dans une proportion certes inférieure à celle de la TVA elle-même).

On peut alors craindre les risques suivants :

- un impact inflationniste. Ainsi la hausse de la TVA en Allemagne en janvier 2007 s'était traduite par une augmentation de l'inflation sous-jacente de 0,8 %, qui a été masquée par la baisse des cours du pétrole qui est intervenue à la même date ;

- un impact récessif sur la croissance. La hausse des prix TTC freine automatiquement la consommation des ménages, qui est un des soutiens les plus forts de la croissance française. La hausse de la TVA en Allemagne en janvier 2007 s'est ainsi traduite par une chute de la consommation privée de 1,8 % au premier trimestre 2007, diminuant (toutes choses égales par ailleurs) la croissance du PIB de 1,1 %, ce qui n'a pu être absorbée que parce que l'économie allemande connaissait un regain de croissance grâce à la vigueur de ses exportations ;

- un effet anti-redistributif au plan social, la TVA pesant proportionnellement plus sur les ménages à faibles revenus que sur les autres. Le rapport sur la TVA sociale de septembre 2007 du Secrétariat chargé de la prospective et de l'évaluation des politiques publiques avait rappelé que la TVA représentait 11,5 % du revenu disponible du premier décile des ménages (les 10 % de ménages ayant les revenus les plus faibles) contre 5,9 % de celui du dixième décile (les 10 % de ménages ayant les revenus les plus élevés).

Finalement Nicolas Sarkozy a attendu la fin de son mandat pour faire voter en février 2012 une hausse du taux normal de TVA de 19,6 % à 21,2 % afin de financer une baisse de charges sociales patronales, s'inscrivant dans le mouvement suivi par l'Allemagne et préconisé par la Troïka européenne. La hausse devait s'appliquer au 1er octobre 2012. À peine élu, François Hollande a annulé cette hausse de la TVA qui n'a donc jamais vu le jour.

François Hollande s'engagea ensuite dans un mouvement de baisses de charges patronales (introduction du CICE en novembre 2012 puis baisses effectives de charges à compter de 2014), financé essentiellement par l'augmentation de l'impôt sur le revenu et de l'impôt sur les sociétés des grands groupes et par des économies budgétaires. Il augmentera néanmoins ensuite la TVA, mais de manière très peu importante, faisant passer le taux normal de 19,6 % à 20 %.

Emmanuel Macron arbitrera pendant la campagne présidentielle de 2017 contre une augmentation de la TVA, suivant François Hollande, alors que François Fillon proposait d'augmenter la TVA de deux points, dans le sillage de ce qu'il avait fait voter en 2012 lorsqu'il était Premier ministre de Nicolas Sarkozy.

CHAPITRE V
LE DÉBAT SUR LA PROGRESSIVITÉ DE L'IMPÔT SUR LE REVENU

L'imposition du revenu des personnes physiques est moins lourde en France que dans la plupart des autres États. Elle ne représentait en effet que 10,9 % du PIB français en 2017 (impôt sur le revenu progressif et CSG), contre 11,9 % au Royaume-Uni, 12,2 % en Allemagne, 12,4 % aux États-Unis, 13,4 % en Italie, 15,4 % au Canada, 15,8 % en Suède et 29,1 % au Danemark.

De plus, alors que ces États disposent d'un impôt sur le revenu progressif et prélevé à la source, la France dispose de deux impôts assis sur les revenus des particuliers :

- l'impôt sur le revenu « stricto sensu », généralement progressif, qui n'était pas prélevé à la source avant qu'il ne le devienne au 1er janvier 2019 ;

- la contribution sociale généralisée, ou CSG, proportionnelle, mais généralement prélevée à la source.

Ces deux impositions du revenu présentent de nombreuses différences :

- l'impôt sur le revenu est déclaratif, ce qui n'est pas le cas de la CSG (du moins pour les revenus salariés) ;

- l'impôt sur le revenu est recouvré par les agents de la DGFIP, alors que la CSG est recouvrée par l'URSSAF (pour la CSG assise sur les revenus d'activité), ou la DGFIP (pour les revenus du patrimoine et les produits de placement) ;

- l'impôt sur le revenu est calculé selon un barème progressif comprenant quatre taux (14 %, 30 %, 41 % et 45 %) applicable aux revenus d'activité, les pensions de retraites et les revenus fonciers, ou selon un taux proportionnel de 12,8 % (via le PFU) % pour les revenus financiers (dividendes, intérêts, plus-values de cession de titres) ou de 19 % (plus-values immobilières), alors que la CSG est perçue à un taux proportionnel. Ce taux varie cependant selon les types de revenus. Il est de 9,2 % pour les revenus d'activité (mais n'est appliqué que sur 97 % du montant des salaires) ; de 9,2 % pour les revenus du patrimoine et les produits de placement, de 8,3 % pour les pensions de retraite et d'invalidité (certaines pensions bénéficient des taux réduits de 6,6 % ou de 3,8 % ou sont même exonérées) et de 6,2 % pour les autres revenus de remplacement (ramené à 3,8 % pour les revenus les plus faibles). Il faut y ajouter la CRDS au taux de 0,5 %, et pour les revenus du patrimoine et de placement un prélèvement de solidarité de 7,5 % ;

- surtout l'impôt sur le revenu progressif est calculé par foyer fiscal, incluant les couples mariés ou pacsés et tenant compte des enfants, alors que la CSG est un impôt individualisé ;

- enfin le produit de l'impôt sur le revenu est affecté au budget général de l'État, alors que celui de la CSG est spécifiquement affecté au budget de la Sécurité sociale.

Depuis l'introduction du prélèvement à la source de l'impôt sur le revenu progressif le 1er janvier 2019 une autre grosse différence entre les deux impôts a disparu. Auparavant en effet l'impôt sur le revenu était perçu sur les revenus de l'année précédente (saut pour les produits financiers), alors que la CSG est perçue sur les revenus de l'année en cours (sauf pour les revenus fonciers et les plus-values sur cession de titres).

Enfin, dans certains cas, la CSG acquittée est partiellement déductible de l'assiette de l'impôt sur le revenu à hauteur de 6,8 %. C'est le cas de la CSG due sur les revenus d'activité et de celle due sur les revenus du patrimoine et de placement (autres que les revenus du patrimoine et de placement relevant du prélèvement libératoire de 12,8 %).

Du fait de la déductibilité d'une partie de son montant, une augmentation de la CSG se traduit la plupart du temps par une diminution de l'assiette de l'impôt sur le revenu. Cette diminution ne bénéficie, par définition, qu'aux contribuables assujettis à l'impôt sur le revenu, soit les 43 % de foyers ayant les revenus les plus élevés. En revanche, les ménages percevant des revenus non imposables à l'impôt sur le revenu supportent en totalité l'augmentation de la CSG.

Il convient toutefois de rappeler que les bénéficiaires du RSA sont exonérés de CSG ainsi que les titulaires d'allocations de chômage et de préretraite, lorsque ces dernières sont inférieures au SMIC, ou les titulaires de pension de retraite dont le revenu ne dépasse pas le montant ouvrant droit aux allègements de taxe d'habitation.

Les différents gouvernements qui se sont succédé depuis la création de la CSG par Michel Rocard en 1989 ont élargi son assiette et/ou augmenté son taux (que ce soit sous Balladur, Chirac, Jospin, Sarkozy ou Macron), alors que l'impôt sur le revenu progressif est passé par des phases de réduction (Chirac) ou d'augmentation (mandat de François Hollande) a plupart des gouvernements ont réduit l'assiette ou les taux de l'impôt sur le revenu.

En conséquence, le rendement de la CSG (incluant celui de la CRDS) est nettement supérieur à celui de l'impôt sur le revenu progressif (106,9 MM€ en 2017 pour la CSG/CRDS contre 73MM€ pour l'impôt sur le revenu).

Pour autant c'est l'impôt sur le revenu progressif qui concentre l'essentiel du débat fiscal en France et qui fait l'objet d'oppositions idéologiques se traduisant par des jeux de yoyo au gré des alternances politiques. Les mesures prises à la fin du quinquennat de Jacques Chirac puis au cours de celui de François Hollande illustrent bien cette instabilité fiscale.

1. La réforme mise en place par Chirac-Villepin en 2006

La loi de finances pour 2007 a comporté une importante réforme de l'impôt sur le revenu applicable à compter de l'impôt payable en 2007 (calculé donc sur les revenus 2006).

Cette réforme a tout d'abord élargi l'assiette de l'impôt en supprimant l'abattement de 20 % qui bénéficiait aux revenus d'activité. Cela a permis de baisser les taux marginaux, sans toucher aux taux moyens d'imposition. Il s'est certes agi là d'un effet d'optique, qui a cependant présenté l'intérêt de rapprocher les taux marginaux des taux réels.

Mais cette intégration de l'abattement de 20 % dans le barème progressif n'a été neutre ni budgétairement ni socialement. Le bénéfice de cet abattement était en effet plafonné (il ne s'appliquait pas au-delà de 120.100 €). De ce fait la mesure a profité uniquement aux revenus d'activité plafonnés, c'est-à-dire aux plus élevés. Elle a rapporté ainsi 885 M€ aux 100.000 ménages les plus aisés.

Afin de ne pas accorder un avantage aux revenus du patrimoine imposables au barème progressif (en pratique les revenus fonciers ainsi que les dividendes), qui ont profité aussi de la réduction des taux, alors qu'ils ne bénéficiaient pas de l'abattement de 20 %, il a été décidé de réduire les abattements spécifiques dont ils bénéficiaient : ainsi l'abattement applicable aux dividendes a été réduit à 40 % au lieu de 50 %, et l'abattement de 14 % applicable aux revenus fonciers a été supprimé.

Cette réforme a présenté un second avantage puisque le calcul de l'impôt a été simplifié : le nombre de tranches a été réduit de sept à cinq, c'est-à-dire que le nombre de taux marginaux a été réduit de six à quatre.

Mais d'autres dispositions de cette réforme ont malheureusement accru les défauts de l'impôt sur le revenu.

Ainsi, le taux marginal le plus bas (devenu de 5,5 % au lieu de 6,83 %) ne s'appliquait pour un célibataire qu'à compter de 5.614 € de revenus par an au lieu de 4.413 € pour les revenus 2005. De nouveaux foyers ont été sortis du champ d'application de l'impôt sur le revenu.

De même, le taux marginal le plus élevé (devenu de 40 % au lieu de 48,09 %) ne s'appliquait pour un célibataire qu'à compter de 66.679 € par an (revenus 2006 imposables en 2007) au lieu de 49.624 € (revenus 2005 imposables en 2006).

De plus, le niveau des nouveaux taux (5,5 % ; 14 % ; 30 % ; 40 %) a été fixé de manière à ce que l'ensemble des foyers imposables bénéficie d'une réduction de cotisation, ce qui a encore réduit la rentabilité de l'impôt sur le revenu.

Du fait de ces différentes mesures la réforme a coûté environ 3,5 MM€, coût qui s'est matérialisé pour la première fois dans le budget 2007.

Enfin cette réforme a profité fortement aux foyers les plus aisés, et cela pour deux raisons :

- elle n'a pu, par définition, bénéficier qu'aux foyers imposables, soit moins d'un foyer sur deux. Pour compenser cette injustice le gouvernement Villepin a cependant augmenté le montant de la prime pour l'emploi créé par Lionel Jospin ;

- la baisse des taux a amoindri le caractère progressif et donc redistributif de l'impôt sur le revenu.

Une étude de l'Observatoire français des conjonctures économiques (OFCE) a conclu que les 10 % de ménages les plus aisés ont bénéficié de 40 % des gains de la réforme, dont 31 % pour les 5 % les plus riches.

Le caractère progressif de l'impôt sur le revenu et sa fonction de redistribution sociale ont donc été entamés.

2. Les mesures prises sous le quinquennat Sarkozy

Nicolas Sarkozy s'est surtout attaché à diminuer le montant de l'ISF, en rendant plus favorable le bouclier fiscal créée par Jacques Chirac et Dominique de Villepin et en relevant le seuil.

S'agissant de l'impôt sur le revenu progressif il a fait adopter des mesures allant dans le sens de

-sa diminution : sortie du barème des dividendes taxés selon un prélèvement libératoire forfaitaire et exonération des heures supplémentaires,
-son augmentation : relèvement de 40 à 41 % du taux marginal maximum et création d'une contribution sur les hauts revenus.

3. Les mesures prises sous le quinquennat Hollande

Dès son élection François Hollande s'est attaché à restituer à l'impôt sur le revenu son caractère progressif :

-création d'une nouvelle tranche d'imposition avec un taux marginal de 45 %, taux marginal le plus élevé,
-réintégration des dividendes (avec un abattement de 40 %) et des plus-values de cession de titres (avec des abattements pour durées de détention) dans le barème progressif,
-durcissement du plafonnement du quotient familial,
-suppression de l'exonération des heures supplémentaires.

À compter de l'arrivée de Manuel Valls comme Premier ministre, le quinquennat Hollande tentera un peu de corriger les effets des mesures de 2012 sur les classes moyennes inférieures en les faisant sortir du champ d'application de l'impôt sur le revenu progressif via la suppression de ma tranche à 5,5 %.

4. Le PFU, ou « flat tax », instauré par Emmanuel Macron

François Hollande avait réintégré dans le barème progressif les dividendes et les plus-values de cession de titres de sociétés qui étaient imposés à un taux forfaitaire sous Nicolas Sarkozy, et ce à compter de 2013.

Emmanuel Macron a ressorti ces revenus du barème progressif à compter de 2018 pour les soumettre à un taux forfaitaire de 30 %, le prélèvement forfaitaire unique (PFU) de 30 % (12,8 % d'impôt sur le revenu et 17,2 % de CSG/CRDS et contribution sociale). Le PFU est aussi appelé « flat tax », expression anglaise d'une imposition forfaitaire, souvent pratiquée chez nos voisins.

Cette baisse d'imposition a été critiquée comme un cadeau fait aux riches, voire aux très riches. Mais, nous sommes insérés dans une économie mondialisée et pour pouvoir attirer les investissements en France, ou garder ceux qui y sont déjà, il est nécessaire non pas d'instituer un régime fiscal attractif, nous n'en sommes pas là, mais de rendre notre fiscalité moins dissuasive et moins confiscatoire.

Ainsi un bénéfice distribué en 2017 subissait une charge fiscale considérable. Un bénéfice de 100 € supportait déjà l'impôt sur les sociétés au taux de 33 %. Il ne pouvait donc être distribué qu'un dividende de 67 %. Ce dividende était imposé au barème progressif, au taux de 45 % si nous partons du principe que le bénéficiaire du dividende est imposé en haut du barème. Mais le dividende n'était imposé que sur 60 % de son montant, afin de compenser partiellement la double imposition à l'impôt sur les sociétés et à l'impôt sur le revenu, soit un impôt sur le revenu égal à 67x60%x45% = 18 €. Il fallait y ajouter la CSG/CRDS et autres contributions au taux de 15,7 %, soit 67x15,7 %= 10,5 €. Le bénéfice supportait donc une charge fiscale de 33+18+10,5 = 61,5 €. L'actionnaire recevait donc un dividende de 38,5 € seulement. Une pression fiscale de 61,5 % était donc dissuasive et quasi confiscatoire.

En 2022, avec la baisse du taux de l'IS et le PFU, la pression fiscale restera élevée, mais sera moins dissuasive. L'IS sera de 25 %, soit 25 dans notre exemple. L'impôt sur le revenu de 12,8 %, soit 9,6 € (12,8 % x75€) et la CSG/CRDS et autres contributions de 12,9 € (17,2 % x75). La pression fiscale s'élèvera donc à 47,5 %, ce qui constitue une baisse significative, mais n'est pas négligeable. L'actionnaire recevra donc un dividende de 52,5 €. Le gain pour l'actionnaire est donc de 14 points (gain de 8 en IS, gain de 8,4 en IR et perte de 2,4 en CSG/CRDS). Grâce à cela la France est redevenue un pays attractif et est entrée en 2019 dans les cinq pays les plus attractifs au monde.

L'application du PFU aux plus-values de cession de titres n'a, en revanche, pas vraiment changé leur fiscalité. En effet, suite au mouvement des « pigeons » de l'automne 2012 contre la soumission des ces plus-values au barème progressif, François Hollande avait fait adopter par le Parlement un régime attractif. Les plus-values étaient bien soumises au barème, mais bénéficiaient d'un abattement d'assiette calculé en fonction de la durée de détention des titres, de 50 % après deux ans et de 65 % après huit ans). Une plus-value de 100€ sur titres détenus depuis plus de huit ans étaient ainsi imposées à 100x 35%x45%= 15,75 € auxquels s'ajoutaient les 15,5 % de CSG/CRDS, soit 31,25 % de pression fiscale au total, à comparer aux 30 % du PFU.

5. Est-il vrai que plus de la moitié des Français ne payent pas d'impôt ?

Seuls 43 % des foyers (16,8 millions sur 38,3 millions de foyers) paient l'impôt sur le revenu progressif. Cela indigne certains qui trouvent anormal que la grande majorité ne paient pas d'impôt. Une des demandes remontées à l'occasion du grand débat consistait d'ailleurs à faire payer un montant d'impôt minimal à tous les Français.

En 2011 seuls 46,6 % des foyers payaient l'impôt sur le revenu. Ce pourcentage est monté à 52,3 % en 2013, record à la hausse, les mesures fiscales de François Hollande ayant affecté les classes moyennes autant que les plus aisés. Puis, les décisions prises sous Manuel Valls consistant à sortir du champ d'application de l'impôt les foyers imposés au bas du barème fait redescendre ce taux à 45,6 % en 2015, puis à 43 % en 2017, record à la baisse.

Ceux qui demandent à ce que tout le monde paie un impôt minimal disent le faire au nom de la justice et du civisme. Certains font référence au slogan des colons américains du XVIIIe siècle « no representation without taxation » : pas droit de vote si on ne paie pas d'impôts.

Mais, pour autant, on ne peut pas dire que plus de la moitié des foyers ne paient pas d'impôt sur le revenu, car c'est oublier la CSG, qui est un impôt sur le revenu qui impose quasiment tous les revenus. Donc, à part les personnes les plus modestes (les bénéficiaires du minimum vieillesse), tous les Français paient un impôt sur le revenu. Faire payer un impôt minimal aux 57 % de foyers qui ne paient pas d'impôt sur le revenu progressif serait particulièrement injuste, car non seulement ce sont ceux qui ont les revenus les plus modestes, mais en plus ils paient déjà le CSG au même taux que les foyers les plus aisés, puisque la CSG est un impôt proportionnel et non progressif.

De plus, bien entendu, il ne faut pas oublier les autres impôts et cotisations. Ainsi un salarié non imposable à l'impôt sur le revenu acquitte sur son salaire les cotisations salariales retraites (du régime général et de l'AGIR-ARRCO) ainsi que la CSG/CRDS. Ensuite il acquittera la TVA sur tous ses achats à laquelle s'ajoutent les accises perçues sur l'essence et le fuel (taxe carbone), le vin et les alcools et le tabac. Enfin il acquittera la taxe d'habitation.

6. L'impôt sur le revenu est-il assez progressif ?

Une autre demande qui est ressortie du grand débat est celle d'augmenter la progressivité de notre impôt, et cela au nom de la justice fiscale. Les revenus élevés ne seraient pas assez imposés et bénéficieraient des niches fiscales.

En réalité notre imposition des revenus est déjà très progressive. Ainsi François Hollande a créé une tranche d'imposition à 45 %. Il faut y ajouter la contribution sur les hauts revenus créée par Nicolas Sarkozy qui taxe les revenus supérieurs à 250.000 € (pour célibataire) ou 500.000 € pour les couples). Son taux monte jusqu'à 4 %. Ce qui fait que le taux maximal est en réalité de 49 % auquel il faut ajouter la CSG au taux de 9,2 %, soit 58,2 % (en fait plutôt autour de 55 %, du fait qu'une partie de la CSG est déductible).

Certes les produits financiers échappent au barème et ne sont imposés qu'au PFU de 30 % (34 % en réalité avec la contribution sur les hauts revenus), mais cela représente déjà un montant supérieur aux impositions sur les produits financiers chez nos voisins qui sont plutôt autour de 25 %.

Notre impôt sur le revenu est donc très progressif. Le rapport annuel de la Direction générale des finances publiques pour 2016 montre que 70 % des recettes de l'IR ont été générées par à peine 10 % des foyers fiscaux l'année dernière, soit les plus fortunés.

Dans le détail, les 2 % de ménages touchant plus de 100 000 euros de revenus ont participé à plus de 40 % des recettes de l'impôt sur le revenu en 2016. Quant aux contribuables ayant déclaré plus de 200 000 euros, soit 0,4 % de la population totale française, ils sont à l'origine de 22 % des recettes. Enfin, les quelque 6 400 contribuables bénéficiant de revenus supérieurs à 1 million d'euros ont permis une collecte de 3,7 milliards d'euros, soit 5,4 % des recettes.

L'enquête de l'INSEE sur « les revenus et le patrimoine des ménages » confirme la concentration de l'impôt sur le revenu (IR). En 2015, le quart de cet impôt était acquitté par 1 % des ménages les plus aisés. Ces foyers, qui gagnent plus de 8 850 euros par mois pour une personne seule, perçoivent un peu moins de 7 % de la masse des revenus en France. Ce décalage entre leur part dans les revenus et leur poids dans l'IR s'explique par la très forte progressivité de l'impôt sur le revenu, c'est-à-dire que son taux est nettement plus élevé pour les revenus supérieurs.

Indiscutablement les « riches » payent beaucoup d'impôt.

De plus, même en bas du barème la progressivité est très forte du fait que, suite aux réformes de la fin du quinquennat de François Hollande, le taux le plus bas du barème est égal à 14 % et que pour éviter que dès l'entrée dans le barème le taux marginal soit de 14 %, il est prévu un mécanisme d'augmentation rapide du taux marginal de 0 à 14 %.

Quant aux fameuses niches fiscales (les déductions fiscales visant à soutenir telle action ou tel secteur : les emplois à domicile, par exemple), elles sont plafonnées dans le cadre d'un plafond global de réduction d'impôts pour la plupart d'entre elles. Ce plafond global est de 10.000 €, porté dans certains cas à 18.000 €.

Nous sommes dans une situation schizophrénique. Pour inciter les contribuables à investir dans certains secteurs (l'immobilier locatif, par exemple) ou dans les entreprises (souscription au capital des PME) ou à embaucher du personnel à domicile, le législateur crée des crédits d'impôt ou des réductions d'impôts. En France en effet chaque secteur, chaque profession veut une réduction fiscale. Nous sommes un pays qui se méfie de l'État, qui critique l'interventionnisme, qui fait l'éloge de la liberté, mais qui, dès qu'il y a une difficulté, appelle l'État à l'aide.

Ensuite, on s'aperçoit que ces crédits ou réductions bénéficient plus aux contribuables aisés qu'aux autres, ce qui est évident dans un système progressif, et alors on plafonne les montants procurés par ces incitations fiscales. Car nous sommes aussi un peuple qui attache une valeur toute particulière à l'égalité et à la justice, que cette dernière soit sociale ou fiscale.

Après on s'étonne que notre fiscalité soit compliquée !

7. L'exonération des heures supplémentaires : quand l'impôt progressif devient dégressif

À peine entré en fonctions, Nicolas Sarkozy a fait voter en août 2007, dans le cadre de la loi dite TEPA, l'exonération fiscale et sociale des heures supplémentaires, et ce dans le prolongement de son slogan de campagne (travaille plus pour gagner plus ». Cette mesure s'inscrivait aussi dans la perspective de réduire les contraintes résultant de la durée légale du travail de 35 heures par semaine.

Il s'agissait d'une exonération d'impôt sur le revenu, mais aussi de CSG/CRDS et de charges sociales patronales et salariales.

Cette mesure a constitué une première, du point de vue de la technique fiscale, puisqu'elle a consisté à exonérer un supplément de revenu, alors que le principe de la progressivité de l'impôt est que plus le revenu augmente plus l'impôt augmente et augmente plus vite que le revenu.

Cette disposition constitue donc une brèche majeure dans la progressivité de l'impôt sur le revenu, puisqu'elle s'inspire du processus opposé, la dégressivité, qui consiste à abaisser le taux de pression fiscale lorsque le revenu augmente.

Économiquement, cette mesure présente l'avantage d'injecter du pouvoir d'achat dans l'économie et donc de soutenir la demande des ménages. Mais, lorsque l'entreprise fait face à une croissance de son carnet de commandes, elle crée une compétition entre les salariés ayant un emploi, qui vont souhaiter faire des heures supplémentaires qui deviennent très lucratives, et les autres (jeunes sortant du système éducatif, chômeurs, titulaires du RSA) qui souhaiteront répondre à la demande en étant embauchés.

L'exonération des heures supplémentaires freine donc la baisse du chômage.

Elle pouvait se comprendre en 2007, époque où la croissance repartait et le chômage baissait. Mais à partir de fin 2008, avec la crise financière, le chômage est reparti à la hausse et cette exonération est devenue contreproductive.

François Hollande avait prévu dans ses 60 propositions d'y mettre fin, ce qu'il fit. Cette décision était justifiée d'un point de vue budgétaire, d'un point de vue de la technique fiscale (rétablir la progressivité de l'impôt) et d'un point de vue économique (mesure contreproductive alors que le chômage augmentait rapidement). Mais évidemment, cela s'est traduit par une baisse du pouvoir d'achat des salariés (environ 8 millions étaient concernés), d'où l'impopularité de la décision de François Hollande, vu une fois de plus comme le président du matraquage fiscal.

Dans la campagne présidentielle de 2017, Emmanuel Macron s'était engagé à rétablir l'exonération de charges sociales salariales uniquement. La crise des gilets jaunes l'a amené ensuite à rétablir à compter du 1er janvier 2019 l'exonération d'impôt sur le revenu, mais dans la limite seulement de 5.000 euros nets. Ainsi les heures supplémentaires accomplies à compter du 1er janvier 2019 sont exonérées de cotisations salariales retraites et, dans la limite de 5000 € nets par an, d'impôt sur le revenu. La CSG et la CRDS restent dues. L'ampleur de l'exonération est donc nettement plus faible que sous Nicolas Sarkozy. Par ailleurs, elle intervient à un moment où le chômage baisse nettement.

Ces entorses à la progressivité de l'impôt sur le revenu se sont multipliées avec la prime « Macron », annoncée par le président le 10 décembre, parmi les mesures dites « gilets jaunes ». Elle est en effet défiscalisée et exonérée de cotisations sociales et de CSG/CRDS jusqu'à 1.000 € lorsqu'elle est exceptionnelle et versée à des salariés gagnant moins de 3 SMIC par mois.

Il en est de même de la prime mobilité, plafonnée à 400 € par an, destinée à financer le trajet domicile-travail via des moyens de transport responsables, dont le covoiturage.

8. La mesure annoncée par Emmanuel Macron à l'issue du grand débat

Comme indiqué ci-dessus, le grand débat national a porté en premier lieu sur la fiscalité, mais, dans les annonces d'Emmanuel Macron à l'issue de ce grand débat, ne figure qu'une seule mesure fiscale : une baisse de l'impôt sur le revenu de 5MM€ bénéficiant aux classes moyennes, c'est-à-dire les foyers qui sont imposés aux tranches de 14 % et 30 %.

Cela permettra notamment de rendre moins brutale l'entrée dans le barème des foyers qui sont au bas du barème qui sont imposés immédiatement au taux de 14 % depuis que le taux de 5,5 % a été supprimé à la fin du quinquennat de François Hollande, même si le système de décote amoindri un peu cette forte progressivité du bas du barème.

Cette baisse d'impôt sur le revenu figurera dans le projet de loi de finances pour 2020, qui devrait être examiné en conseil des ministres fin septembre 2019. Dans sa déclaration de politique générale du 12 juin 2019, Edouard Philippe a précisé le dispositif technique qui sera retenu. Le taux de la première tranche sera abaissé de 14 à 11 % et le mécanisme de la décote sera revu afin les foyers les plus modestes connaissent une entrée dans le barème moins brutale. Pour que les revenus les plus élevés ne bénéficient pas de cette baisse, les seuils d'entrée dans les autres tranches seront abaissés : à 25.405 € pour la tranche à 30 %, à 72.643 € pour la tranche à 41 % et à 156.244 € pour celle à 45 %.

Le gain d'impôt moyen sera de 350 € par foyer pour ceux relevant de la tranche à 14 % (passant à 11 %) et de 180 € pour ceux relevant de la tranche à 30 %. L'opération sera neutre pour les foyers relevant des tranches à 41 % et 45 %.

Le financement de cette baisse d'impôt sera assuré par une réduction des niches fiscales des très grandes entreprises, comme la réduction d'impôt mécénat qui pourrait devenir moins avantageuse, ou des niches antiécologiques, comme le taux réduit de TICPE sur le fioul non routier pour les entreprises du BTP ou des niches sociales, comme les déductions forfaitaires de charges sociales dont bénéficient certaines professions (pilotes de ligne, internes des hôpitaux de Paris…).

9. Le prélèvement à la source

Jusqu'au 31 décembre 2018, la France était un des rares pays de l'OCDE à ne pas prélever à la source l'impôt sur le revenu. Tous les autres grands pays le faisaient depuis longtemps : l'Allemagne depuis les années 1920 et les pays anglo-saxons (États-Unis, Royaume-Uni, Canada) depuis la seconde guerre mondiale.

Le prélèvement à la source présente l'avantage de faire évoluer le montant de l'impôt avec celle du revenu, alors que dans le système applicable jusqu'en 2018 il existait un an de décalage entre le revenu et l'impôt. Les contribuables payaient l'année N l'impôt dû sur leurs revenus de l'année N-1. C'est ce que l'on appelle le caractère contemporain de l'impôt. L'ancien système était particulièrement pénalisant pour les contribuables dont le revenu baissait. En cas de chômage, le contribuable devait encore payer un impôt élevé pendant un an, alors qu'il n'en avait plus les moyens. De même, au moment de partir à la retraite, les revenus baissent alors que l'impôt continuait à être élevé. C'était aussi le cas lors d'un décès, la succession devait acquitter encore un an d'impôt. Dans le système du prélèvement à la source l'impôt s'adapte immédiatement à l'évolution du revenu et les contribuables ne commencent pas l'année avec une dette d'un an d'impôt.

C'est aussi une sécurité pour le Trésor public, car, en prélevant immédiatement l'impôt à la source il est certain de recouvrir l'impôt, alors que dans l'ancien système le risque était que le contribuable n'ait pas mis l'argent de côté ou que la dégradation de sa situation financière (chômage, retraite) ne lui permette pas de s'acquitter de sa dette fiscale.

Pour autant la France n'avait pas introduit un tel système, restant à la traine des autres pays de l'OCDE. Valéry Giscard d'Estaing, alors ministre de l'Économie et des Finances, avait préparé l'introduction du prélèvement à la source en 1974, mais, devenu président, il enterra le projet. Thierry Breton, lui aussi ministre de l'Économie et des Finances prépara cette réforme en 2007, mais elle fut enterrée par Nicolas Sarkozy devenu président. Mais ces travaux ont permis de déboucher sur la déclaration de revenus préremplie, en créant des « tuyaux » informatiques entre les employeurs et l'administration fiscale, préalable indispensable à la mise en place du prélèvement à la source.

Ce sont finalement François Hollande et Michel Sapin qui firent voter le texte de loi introduisant le prélèvement à la source au 1er janvier 2018. Une fois élu, Emmanuel Macron reporta d'un an l'entrée en vigueur de la réforme, semblant même hésiter à l'annuler.

Pourquoi tant de difficultés et d'hésitations à introduire en France ce qui marche dans les autres grands pays ?

Le prélèvement à la source se heurtait aux craintes suivantes :

-la crainte des syndicats de Bercy que l'on demande à la DGFIP de rendre des emplois du fait des gains de productivité engendrés par cette réforme,
-l'opposition des entreprises à un système qui les rend collecteurs d'impôts (elles le sont déjà pour la TVA, la CSG/CRDS, les cotisations sociales patronales et salariales et l'IS),
-la peur politique que, du fait de la baisse du salaire net entrainée par le prélèvement par l'employeur de l'impôt, les salariés ne manifestent leur mécontentement,
-l'inquiétude face aux bugs informatiques que ce nouveau système pourrait engendrer.

Finalement, grâce notamment à la persévérance de Gérald Darmanin, ministre des comptes publics, et de Bruno Parent, directeur général de la DGFIP, Emmanuel Macron a confirmé l'entrée en vigueur du prélèvement à la source au 1er janvier 2019, entrée en vigueur qui s'est déroulée sans encombre, même si les services de la DGFIP ont été inondés de demandes de renseignements et d'appels téléphoniques.

Et, de plus, cette entrée en vigueur a fait économiser aux Français un an d'impôt sur le revenu, puisque les revenus courants 2018 ont été exonérés d'impôts. Il n'était en effet pas possible économiquement et politiquement de faire payer en 2019 aux Français deux impôts sur le revenu : l'impôt sur les revenus 2019 (nouveau système) et sur les revenus 2018 (ancien système).

10. La fusion de l'impôt sur le revenu et de la CSG

La juxtaposition de deux impôts sur le revenu, la CSG proportionnelle aux revenus, et l'impôt sur le revenu, progressif, fait que l'impôt est proportionnel pour une grosse moitié de foyers et progressif uniquement pour la seconde moitié. Les classes les moins aisées paient proportionnellement autant d'impôt que les classes moyennes inférieures. D'où l'idée de Lionel Jospin d'adopter aussi un barème progressif pour la CSG, projet censuré par le Conseil constitutionnel en 1999 qui a estimé que pour adopter un barème progressif il fallait prendre en compte l'ensemble des revenus du foyer, et non seulement les salaires de l'individu.

D'où l'idée d'une fusion de la CSG et de l'impôt sur le revenu en un seul impôt qui comporterait alors un barème progressif pour l'ensemble des revenus de l'ensemble des foyers. Une telle fusion augmenterait le montant de l'impôt pour les classes aisées et l'abaisserait pour les plus faibles.

En 2006 le parti socialiste adopta ce projet qui fut défendu par Ségolène Royal dans la campagne présidentielle de 2007.

Ensuite l'économiste Thomas Piketty reprit à son compte cette proposition et en fit la promotion.

François Hollande la retint dans ses 60 propositions, mais ne l'instaura pas. Début 2014 Jean-Marc Ayrault, alors Premier ministre, proposa une grande réforme fiscale, qui reposerait sur cette fusion ; quelques semaines après il était remplacé par Manuel Valls. L'abandon de cette réforme fut l'un des principaux reproches faits par la gauche au quinquennat de François Hollande.

François Hollande avait été dissuadé de réaliser cette fusion par les arguments de Bercy.

En effet la fusion se heurte à un certain nombre de difficultés importantes :

- il faudrait aligner l'assiette de l'impôt sur le revenu sur celle de la CSG qui est beaucoup plus large (produits des PEA, par exemple), ou au contraire étendre à la CSG les allègements existant en impôt sur le revenu (abattement forfaitaire de 10 %, « niches fiscales ») ;

- la CSG impose les personnes prises isolément, alors que l'impôt sur le revenu impose les foyers, ce qui constitue une différence essentielle ;

- cette fusion impliquerait de répartir le produit de l'impôt fusionné entre le budget général de l'État et les différentes branches de la Sécurité sociale de manière forfaitaire, faisant perdre le lien direct qui existe actuellement entre le produit de la CSG et les différents régimes sociaux.

Par ailleurs, on peut craindre qu'une fois la fusion réalisée les différents lobbies économiques et professionnels n'interviennent pour étendre à l'impôt résultant de la fusion les « niches fiscales » de l'impôt sur le revenu ou les régimes favorables dont bénéficient les revenus du patrimoine. Il en résulterait une sorte de pollution de la CSG par l'impôt sur le revenu, et donc à la fois une perte de recettes budgétaires pour la Sécurité sociale et une régression de la fonction de redistribution sociale de l'impôt.

Enfin la fusion se traduirait par des transferts importants entre les contribuables, ce qui est toujours dangereux politiquement : les contribuables qui voient leur impôt baisser trouvent cela normal ; en revanche, ceux qui voient leur impôt augmenter en font le reproche au gouvernement.

Aujourd'hui certains à gauche réévoquent cette fusion. Mais il faut voir qu'en augmentant massivement le poids de l'impôt sur le revenu des ménages les plus aisés, François Hollande a de fait rendu impossible la fusion. En effet la fusion entraînerait un transfert massif du poids de l'impôt des ménages ayant les revenus les plus faibles vers les ménages les plus aisés. Or ces derniers ne pourraient pas supporter une telle augmentation après celle qu'ils ont déjà subie sous François Hollande. On assisterait très probablement à un nouveau mouvement anti-impôts. La fusion ne serait donc possible que si on évitait une augmentation d'impôt pour les plus foyers les plus aisés, ce qui entrainerait un coût budgétaire élevé.

11. Le débat de l'imposition par foyer ou par personne

L'impôt sur le revenu progressif français se caractérise par une imposition établie au niveau du foyer, et non au niveau individuel. La France est l'un des rares pays à fonctionner ainsi, les autres pays ayant une approche individuelle.

Cette notion de quotient conjugal (une part pour chacun des membres du couple) est critiquée par les féministes, qui y voient une désincitation pour les femmes à gagner autant que les hommes. Il est vrai que le quotient conjugal est financièrement intéressant quand il existe une différence de revenus entre les deux membres du couple. Plus la différence est importante, plus le gain fiscal d'être marié (ou pacsé) est important.

Mais aucun gouvernement n'a jusqu'à présent osé remettre en cause cette imposition au niveau du foyer, de peur d'être perçu comme hostile au mariage et à la famille et aussi, et surtout, parce qu'une imposition individuelle ne fera que des perdants et tous les couples perdants, y compris les femmes, seront mécontents et critiqueront le gouvernement qui aura pris cette initiative.

Un autre débat concerne le quotient familial proprement dit (une demi-part ou une part par enfant), le quotient familial étant d'autant plus intéressant que les revenus sont élevés. Cette mesure est vue comme régressive, profitant aux couples les plus riches. Pour cette raison l'avantage fiscal procuré par le quotient familial a été plafonné.

François Hollande avait envisagé d'aller plus loin en supprimant le quotient familial et en le remplaçant par un crédit d'impôt par enfant de même montant pour tout le monde, riches ou moins riches, imposables ou non imposables (le crédit d'impôt serait remboursé aux foyers non imposables). Devant la levée de boucliers de la droite et des associations familiales en janvier 2012 contre un tel projet vu comme antifamille, il a dû renoncer et, finalement, en lieu et place, il a abaissé deux fois le montant du plafond du quotient familial. Les foyers non imposables n'ont donc rien gagné et les foyers de cadres ou de professions libérales ont vu leur impôt sur le revenu augmenter. Cela est représentatif des mesures relatives à l'impôt sur le revenu sous François Hollande ; elles ont eu un objectif essentiellement budgétaire, alors que son programme fiscal s'inscrivait à l'origine dans une approche plus ambitieuse de justice fiscale via la création d'un grand impôt sur le revenu citoyen.

12. La CSG des retraités

Les retraités paient une CSG d'un montant inférieur à celle des actifs.

Jusqu'en 2017 compris, les revenus d'activité étaient imposés au taux de 7,5 %, alors que, selon leur niveau, les pensions de retraite étaient imposées au taux de 6,6 % ou de 3,8 % ou étaient exonérées.

Pour financer la suppression des cotisations salariales maladie et chômage, Emmanuel Macron a augmenté de 1,7 les taux de la CSG sur tous les revenus, y compris sur les pensions de retraite les plus élevées, assujetties au taux de 6,6 %, ce qui a concerné environ 60 % des retraités.

Au 1er janvier 2018, les revenus d'activité ont donc été taxés au taux de 9,2 % (mais la baisse des cotisations a fait plus que compenser cette hausse ; les salariés y ont donc été gagnants). Les pensions de retraite ont donc été taxées, selon leur niveau, au taux de 8,3 % ou de 3,8 % ou sont restées exonérées. En conséquence 60 % des retraités ont vu leur CSG augmenter de 1,7 % sans qu'ils bénéficient d'une baisse de cotisations.

Emmanuel Macron a opéré ce transfert des retraités vers les actifs afin de favoriser le travail, et parce qu'il a avait retenu des travaux de la commission Attali dont il avait été un des rapporteurs que le niveau de vie moyen des retraités était supérieur à celui des actifs.

Devant la levée de boucliers des retraités et des gilets jaunes, il a dû faire marche arrière en partie et annuler, avec effet au 1er janvier 2019, la hausse de la CSG pour 30 % des retraités.

Désormais il existe quatre taux de CSG pour les retraités selon le niveau de la pension : 8,3 %, 6,6 %, 3,8 % ou 0.

Les retraités ont montré qu'ils constituaient un lobby puissant et ce d'autant plus qu'ils votent massivement aux élections.

13. La CRDS

La contribution à la réduction de la dette sociale (CRDS) est un impôt créé en 1996 par le gouvernement d'Alain Juppé pour résorber l'endettement de la sécurité sociale. Elle est affectée exclusivement à la Caisse d'amortissement de la dette sociale (CADES) qui a pour objectif d'éteindre la dette des organismes de Sécurité sociale en 2025.

En sont redevables les personnes physiques domiciliées en France pour l'impôt sur le revenu. Son taux de prélèvement est unique. Il est fixé depuis 1996 à 0,5 % du revenu brut, quel que soit le revenu concerné, et n'a jamais été modifié. La CRDS n'est pas déductible de l'impôt sur le revenu.

Le périmètre de prélèvement de la CRDS est plus large que celui de la contribution sociale généralisée (CSG). Si, comme la CSG, il inclut les revenus d'activité, les revenus de remplacement (indemnités chômage et indemnités journalières), les revenus de patrimoine et de placement, il englobe également les prestations familiales, les aides personnelles au logement.

La CRDS devrait normalement disparaître en 2025. Il est cependant envisagé de la conserver au-delà et de l'affecter au financement de la dépendance.

14. La prime d'activité

La prime pour l'emploi (PPE) a été créée en 2001 par le gouvernement Jospin, suite à l'annulation par le Conseil constitutionnel de la CSG progressive. Elle visait à faciliter le retour à l'emploi, ou le maintien de l'activité professionnelle, salariée ou non salariée, des personnes à faibles revenus, en allégeant le poids des prélèvements qui pèsent sur elles.

Elle était versée aux foyers fiscaux de condition modeste, dont un des membres (le déclarant, son conjoint ou une personne à charge) exerce une activité professionnelle.

Elle prenait la forme d'un crédit d'impôt proportionnel au revenu d'activité, si celui-ci est compris entre 0,3 et 1 SMIC, ou décroissant jusqu'à s'annuler lorsque ce revenu est compris entre 1 et 1,4 SMIC.

Elle se composait d'une part proportionnelle aux revenus professionnels considérés, et d'une part forfaitaire accordée au titre des charges de famille du contribuable.

La PPE venait en diminution de l'impôt sur le revenu dû, et ouvrait droit à restitution lorsque son montant est supérieur à celui-ci.

Ce dispositif s'inspirait du crédit d'impôt négatif mis en place aux États-Unis et au Royaume-Uni, suite aux recommandations de l'école monétariste de Milton Friedman.

Le montant de la PPE était plafonné à 948 € pour une personne seule sans enfant.

Par ailleurs, le versement de la prime a été mensualisé à compter du 1er janvier 2006.

Suite au rapport remis par Martin Hirsch, président d'Emmaüs France, devenu en mai 2007 Haut-commissaire à la solidarité, Nicolas Sarkozy a créé le revenu de solidarité active (RSA) activité, à côté du RSA socle, qui a remplacé le RMI et qui constituait un des minima sociaux. Le RSA activité, géré par les caisses d'allocations familiales, constituait une incitation à la reprise d'un emploi et faisait double emploi avec la PPE.

Sous François Hollande, à l'initiative de Marisol Touraine, ministre des Affaires sociales, la PPE et le RSA activité ont été fondus en une seule nouvelle allocation, la prime d'activité.

Dans sa volonté d'encourager le travail, Emmanuel Macron avait prévu d'augmenter significativement la prime d'activité sur la durée de son quinquennat. La crise des gilets jaunes l'a amené à anticiper cette augmentation au 1er janvier 2019, ce qui a aussi permis d'augmenter le taux de demande ce cette prime. En effet, les bénéficiaires doivent en faire la demande auprès de la caisse d'allocations familiales (CAF) et doivent faire régulièrement des déclarations de revenus.

Il serait plus efficace de confier à la DGFIP, qui dispose de toutes les informations (montant des revenus et références bancaires depuis l'instauration du prélèvement à la source), le versement de cette prime qui pourrait se faire automatiquement sans que les bénéficiaires n'aient à en faire la demande.

Mais il est aussi question de fusionner la prime d'activité, le RSA et les aides personnalisées au logement en un revenu universel d'activité.

CHAPITRE VI
L'ISF : LE SEUL IMPÔT POPULAIRE

L'impôt de solidarité sur la fortune (ISF) mobilise de manière disproportionnée la classe politique et l'opinion publique. Le rétablissement de l'ISF, supprimé par Emmanuel Macron (en réalité remplacé par l'impôt sur la fortune immobilière, IFI) a été un des thèmes majeurs de revendication des gilets jaunes et un des sujets fiscaux qui est ressorti du grand débat.

L'ISF constituerait une contribution justifiée à la solidarité nationale des personnes les plus favorisées et sa suppression aurait été un cadeau aux très riches, ce qui aurait accru les injustices fiscales déjà trop criantes.

Les partisans de la suppression de l'ISF mettent en avant le fait qu'il s'agissait d'un impôt antiéconomique qui aurait été en grande partie à l'origine des difficultés de notre pays, car il favorisait la fuite vers l'étranger à la fois des investissements et des chefs d'entreprise et donnait une image négative de notre pays.

On se souvient que la suppression de l'impôt sur les grandes fortunes (IGF), l'ancêtre de l'ISF, par le gouvernement de Jacques Chirac en 1986 a été une des causes de sa défaite à l'élection présidentielle de 1988. Le gouvernement de Michel Rocard l'avait donc rétabli en 1988, sous le nom d'ISF, en le complétant par un mécanisme de plafonnement en fonction des revenus afin d'éviter qu'il ne soit confiscatoire.

Il aura fallu attendre trente ans pour qu'un gouvernement, celui d'Emmanuel Macron et Édouard Philippe, ose le supprimer à nouveau, en maintenant cependant l'imposition de la fortune immobilière, via l'IFI. La gauche a dénoncé cette suppression, la droite se tait, traumatisée qu'elle est encore par la suppression de 1986.

Aborder ce débat nécessite de prendre un peu de recul et d'essayer de le replacer dans un cadre plus large, celui portant sur la fiscalité du patrimoine.

On entend par « fiscalité du patrimoine » les impôts suivants :

- les droits de mutation à titre onéreux perçus sur les ventes d'immeubles, de fonds de commerce ou de parts de sociétés,

- les droits de mutation à titre gratuit (droits de donation et de succession),

- l'imposition de la détention du capital (ISF, IFI),

- Les taxes foncières.

La fiscalité du patrimoine ainsi entendue représentait 4,39 % du PIB en France en 2017 soit le niveau le plus élevé des pays de l'OCDE, devant le Royaume-Uni (4,18 %), les États-Unis (4,17 %), le Canada (3,83 %), l'Italie (2,56 %), le Japon (2,53 %), l'Espagne (2,52 %), le Danemark (1,82 %), l'Allemagne (1,02 %) et la Suède (0,98 %).

On voit donc que, contrairement à ce que pense l'opinion publique française, le patrimoine est très taxé en France.

On constatera aussi que les pays anglo-saxons, qui taxent moins les revenus que les autres pays, imposent plus le capital, notamment du patrimoine immobilier, via des taxes foncières très élevées. À l'inverse les pays scandinaves, qui taxent fortement les revenus, imposent faiblement le capital.

La France impose fortement les deux, les revenus et la détention du patrimoine.

Elle dispose de taxes foncières moins lourdes que ses partenaires, mais, en revanche, elle impose plus lourdement les successions. En effet en 2004, les droits de succession représentaient en France 0,6 % du PIB, contre 0,3 % au Royaume-Uni et 0,2 % en Allemagne.

Comme l'impôt sur le revenu progressif, la fiscalité du patrimoine oppose la droite et la gauche, et notre fiscalité a donc connu des yoyos en fonction des alternances politiques.

Nicolas Sarkozy a ainsi allégé la fiscalité du patrimoine dès son élection via la loi TEPA d'août 2007 : exonération des droits de succession entre conjoints, allègement des droits de succession et de donation en ligne directe, modification du « bouclier fiscal », qui permettait de plafonner l'ISF en fonction des revenus et enfin réductions de l'ISF pour les personnes qui investissent dans les PME et pour les propriétaires de leur résidence principale. En fin de mandat il fut obligé de supprimer le bouclier fiscal, et, en contrepartie, il allégea l'ISF.

Dès 2012 François Hollande revint sur les allègements de l'ISF, durcit les droits de succession en créant une nouvelle tranche à 45 % pour les successions en ligne directe et durcit les droits de donation.

1. Les droits de succession et de donation

En 2017, les droits de succession et de donation ont rapporté au budget de l'État 12,9 MM€.

Les droits exigibles sur une succession ou une donation sont liquidés sur la part recueillie par chacun des ayants droit.

Il s'agit d'impôts très progressifs. En effet le taux marginal le plus élevé pour les successions et donations en ligne directe s'élève à 45 %. Et pour les autres successions et donations, le taux est de 60 %, ce qui est considérable.

Ce sont aussi des impôts très concentrés.

En effet environ 75 % des successions sont exonérées. Cela résulte de la combinaison
-de l'exonération, depuis la loi TEPA de Nicolas Sarkozy, des successions entre personnes mariées ou pacsées,
-de l'abattement de 100 k€ par parent et par enfant. Ainsi un couple ayant deux enfants peut transmettre en franchise de droits au total 400 k€,
-de l'abattement de 20 % applicable à la résidence principale,
-de l'exonération des sommes placées sur un contrat d'assurance-vie avant l'âge de 70 ans (dans la limite de 152.500 € par bénéficiaire).

L'impôt se concentre donc sur 25 % des successions.

Il faut dire que les patrimoines français sont très concentrés. Cette forte concentration des patrimoines français ressort des études de l'INSEE. Les 10 % des ménages les plus riches se partagent 62 % du patrimoine total, tandis qu'au bas de l'échelle, la moitié des ménages ne possèdent ensemble que 4 % du patrimoine.

L'INSEE a même évalué que le 1 % des ménages les plus riches détiennent 24 % du patrimoine des ménages.

Du fait du caractère très élevé et très progressif des droits de succession, la transmission d'entreprise peut s'avérer très coûteuse et de nombreux chefs d'entreprises sont condamnés à vendre leur entreprise faute pour leurs enfants de pouvoir s'acquitter des droits de succession.

Mais il est possible de réduire les droits de succession via un démembrement de propriété. Le chef d'entreprise peut faire une donation à ses enfants de la nue-propriété des titres de sa société, en s'en réservant l'usufruit. Il paiera tout de suite des droits de donation, mais sur une assiette limitée à la valeur de la nue-propriété (cette valeur dépend d'un barème en fonction de l'âge figurant dans le code général des impôts). À la succession la pleine-propriété se reconstitue chez les enfants et aucun droit de succession n'est dû.

De plus, dans le cadre de ce qu'on appelle les pactes Dutreil, les parts ou les actions d'une société industrielle, commerciale, artisanale, agricole ou libérale sont également exonérées de droits de donation ou de succession, pour les trois quarts de leur valeur, si l'engagement est pris de conserver pendant au moins six ans (deux ans avant la mutation et quatre ans après) 20 % des titres émis par la société, si ces titres sont admis à la négociation sur un marché réglementé, ou 34 % s'il s'agit d'une société non cotée.

Nicolas Sarkozy avait, dans sa loi TEPA de 2007, prévu que chaque parent pouvait donner à chaque enfant en franchise de droits 150.000 € tous les six ans. C'est en effet lorsqu'ils sont encore jeunes que les enfants ont besoin d'argent. François Hollande est revenu sur ce dispositif en réduisant le montant à 100.000 € et en allongeant la durée à 15 ans.

En conclusion, les droits de succession sont particulièrement élevés en France. Cela fait partie du modèle social français qui repose sur une solidarité des plus aisées envers les autres.

Thomas Piketty, dans son ouvrage *Les impôts en France (2000)* a montré en effet le rôle important joué par les droits de succession progressifs, ainsi que par l'impôt sur le revenu progressif, dans la réduction des inégalités en France entre la Première Guerre mondiale et les années 70.

Certains économistes estiment aussi que des droits de succession élevés permettent de stimuler la consommation plutôt que l'épargne. Keynes a ainsi déclaré dans sa *Théorie générale (1936)* : *« Il est incontestable qu'une politique fiscale imposant sévèrement les successions a pour effet d'accroître la propension de la communauté à consommer ».*

2. L'ISF et l'IFI

L'impôt de solidarité sur la fortune (ISF) a été introduit par le gouvernement Rocard en 1988, sur le modèle de l'impôt sur les grandes fortunes (IGF), institué par le gouvernement Mauroy en 1982, et supprimé en 1986 par le second gouvernement Chirac.

En 2017, dernière année où il a été recouvré, l'ISF a concerné 358.000 foyers et rapporté 4,23MM€ (après plafonnement).

En 2018, première année où il a été institué, l'IFI a concerné 120.000 foyers et rapporté 1,2MM€.

a. Rappel des principales caractéristiques de l'ISF

L'ISF s'appliquait aux patrimoines d'une valeur nette supérieure à 1,3 M€.

La totalité du patrimoine n'était cependant pas imposable à l'ISF.

N'entraient pas en effet dans l'assiette de l'ISF :

- les objets d'art, d'antiquité ou de collection ;

- les droits de la propriété littéraire ou artistique, et les droits de la propriété industrielle, détenus par leur inventeur ;

- les biens professionnels, c'est-à-dire : les entreprises individuelles ; les actions ou parts de sociétés pour la totalité de leur valeur lorsque le groupe familial, auquel appartient le propriétaire des actions, détient plus de 25 % du capital de la société (et que le propriétaire des actions exerce une fonction de direction dans cette société et en retire plus de 50 % de ses revenus professionnels) ;

- les actions détenues dans le cadre d'un pacte d'actionnaires, dit pacte Dutreil, à concurrence des trois quarts de leur valeur (schéma similaire à celui retenu en droit de succession, voir 1 ci-dessus).

En conséquence de ces différentes exonérations, l'ISF imposait essentiellement :

- le patrimoine immobilier. La résidence principale faisait cependant l'objet d'un abattement égal à 30 % de son montant ;

- les valeurs mobilières (essentiellement les actions de sociétés ne constituant pas des biens professionnels ainsi que les obligations…).

Le passif contracté pour acquérir ces biens (les emprunts immobiliers notamment) venait en déduction du montant du patrimoine imposable.

L'ISF était un impôt progressif dont le taux variait de 0,5 % à 1,5 % (pour la tranche supérieure à 10 M€).

b. Les délocalisations de capitaux dues à l'ISF et les freins à l'investissement en France

Lorsque l'ISF a été introduit par Michel Rocard en 1988, il n'a pas posé de problème particulier, car

-son assiette était relativement étroite, les biens professionnels et les œuvres d'art étant exonérés,
-les taux étaient relativement bas comparativement au taux de rendement des actifs de l'époque,
-le montant de l'ISF ajouté au montant de l'impôt sur le revenu ne devait pas dépasser 70 % des revenus du foyer assujetti à l'ISF (plafonnement de l'ISF).

Le problème a commencé à se poser avec la décision du gouvernement Juppé en 1995 de plafonner le plafonnement, c'est-à-dire de limiter le gain qu'un foyer pouvait retirer du plafonnement de l'ISF.

Les pays entourant la France n'ont pas d'impôt sur la fortune et, de plus, ont des droits de succession beaucoup moins élevés. L'incitation pour les plus fortunés de quitter la France a donc commencé à devenir forte à partir de 1995.

Le départ à l'étranger de personnes fortunées entraine tout d'abord la perte d'une matière imposable. Il peut aussi avoir d'autres conséquences économiques, car lorsque la personne part, très rapidement ses actifs partent aussi, notamment les entreprises que cette personne contrôle et donc les emplois qui vont avec.

Un ISF trop élevé fait donc partir des investisseurs et dissuade les nouveaux investisseurs étrangers de venir. Au total, à terme c'est l'emploi en France qui est pénalisé.

Pour dissuader les plus fortunés de quitter le pays, le gouvernement de Lionel Jospin a essayé de doter le pays d'une arme antidélocalisation fiscale (l'article 167.1 du CGI) en imposant immédiatement les plus-values sur les titres détenus par les résidents fiscaux français qui quittaient notre pays (avec possibilité toutefois de ne pas payer l'impôt immédiatement si le contribuable fournissait des garanties). Une telle arme dissuasive, manifestement à la fois disproportionnée et inadaptée à l'objectif poursuivi, a été condamnée par la CJCE comme contraire à la liberté d'établissement communautaire (CJCE, 11 mars 2004, aff. C 6/02). Le dispositif a ensuite été adapté afin de ne pas imposer immédiatement les personnes qui partent pour un autre État membre, mais de n'imposer les plus-values sur les titres de sociétés qu'ils détiennent que s'ils le vendent dans les quinze années qui suivent leur départ.

Une telle arme dissuasive a encore plus dissuadé les étrangers d'investir en France. C'est la raison pour laquelle Emmanuel Macron a limité à deux ans la période pendant laquelle les personnes sont imposées en France en cas de cession de leurs titres.

Pour alléger l'ISF, Dominique de Villepin a créé en 2006 le bouclier fiscal, qui permettait, malgré le plafonnement du plafond, de limiter le montant de l'ISF lorsque son montant, ajouté à l'impôt sur le revenu, à la CSG et aux taxes foncières et d'habitation dépassait 60 % des revenus. En 2007 Nicolas Sarkozy a abaissé le bouclier fiscal à 50 %. Finalement en 2011 Nicolas Sarkozy a supprimé le bouclier fiscal et allégé l'ISF.

En 2012, François Hollande a supprimé les allègements d'ISF décidés par Nicolas Sarkozy, tout en maintenant le plafond de l'ISF (le plafonnement du plafond ayant été supprimé). Il a, en plus, instauré une cotisation exceptionnelle d'ISF en 2012, année où les contribuables fortunés ont donc dû acquitter deux ISF.

Ces allers-retours permanents et compliqués se sont traduits par un accroissement des départs des redevables de l'ISF.

Ainsi 370 contribuables ont quitté la France en 1997, suite au plafonnement du plafond décidé par Alain Juppé en 1995. Puis le mouvement s'est accru puisqu'ils ont été 649 à le faire en 2006.

Comme indiqué plus haut, sur une période de 10 ans (2006 à 2016), les départs de contribuables redevables de l'ISF ont été chaque année 3 à 6 fois plus nombreux que les retours. Au total sur dix ans, et en faisant le solde des départs et des retours, l'État français a vu disparaître 4.578 ménages assujettis à l'ISF pour une perte d'actif imposable de 23,8 milliards d'euros.

Les États d'accueil de ces départs sont essentiellement la Belgique, la Suisse, le Royaume-Uni et les États-Unis.

Enfin, l'âge moyen de ces contribuables partit à l'étranger étant relativement élevé (52 ans pour ceux qui partent en Belgique ; 57 pour ceux qui partent en Suisse), ces départs ne se traduisent donc pas par une fuite de cerveaux ou de cadres à fort potentiel, mais par une fuite d'investissements et donc d'emplois.

L'augmentation de l'impôt sur le revenu a sous François Hollande a aussi rendu non rentable l'investissement dans les sociétés françaises.

Nous avons vu plus haut que l'imposition des dividendes s'élevait à 61,5 % (IS, IR et CSG/CRDS). Si prend comme hypothèse que le dividende s'élève à 5 % de la valeur d'une action, l'imposition du dividende s'élève à 3,07 € auquel il faut ajouter 1,5 % d'ISF, soit une imposition totale de 4,45 €. Le dividende net d'impôt ne s'élevait donc qu'à 0,55 €. Le taux d'imposition s'élevait à 89 %. Cette imposition considérable du capital productif a dissuadé l'investissement et créé du chômage.

Seuls s'en tiraient ceux pour qui les titres de sociétés qu'ils détenaient représentaient un bien professionnel, qui étaient exonérés d'ISF, c'est-à-dire en réalité les plus aisés. Mais, à condition de ne jamais vendre leurs actions, car alors les liquidités qu'ils recevaient devenaient imposables à l'ISF. Or si l'objectif des grandes fortunes familiales françaises n'est pas de vendre leurs titres, ce n'est pas le cas des investisseurs étrangers qui investissent dans des titres de sociétés pour les revendre à terme.

c. Le remplacement de l'ISF par l'IFI

On voit donc que l'ISF était devenu un handicap pour l'investissement dans les entreprises françaises et donc pour l'emploi en France.

Une piste envisagée lors de l'élaboration du programme présidentiel d'Emmanuel Macron était de conserver l'ISF tout en exonérant à 100 % la totalité des actions de sociétés, et pas seulement les actions permettant de bénéficier de la qualification de biens professionnels. Mais la question de la vente des actions restait la même, l'ISF aurait continué à dissuader les investisseurs sachant qu'ils auraient été fortement imposés lors de la revente de leurs titres.

Emmanuel Macron a donc opté pour la suppression de l'ISF et son remplacement par un impôt frappant uniquement la fortune, l'IFI.

Pourquoi conserver une taxation de l'immobilier ?

Pour deux raisons :

-inciter les investisseurs à privilégier l'investissement en actions, susceptible de créer d'emplois, au détriment de la pierre passive. De ce point de vue l'IFI ne taxe que l'immobilier patrimonial et non l'immobilier investi dans une entreprise,
-peser sur les prix de l'immobilier dans l'espoir que le coût du logement, très élevé en France, baisse.

Depuis le 1er janvier 2018, l'ISF a disparu et l'IFI n'impose que l'investissement immobilier non professionnel, lorsque l'actif immobilier net des dettes affectées aux immeubles (avec l'application de règles évitant des endettements artificiellement affectés aux actifs immobiliers) dépasse 1,3 M€. C'est un impôt compliqué avec l'application de règles complexes pour imposer des immeubles logés dans des sociétés ou dans des filiales ou sous-filiales de holdings.

d. Macron a-t-il fait un cadeau aux très riches ?

Emmanuel Macron a-t-il fait un cadeau aux très riches, comme l'en a accusé François Hollande ?

Par définition, le remplacement de l'ISF par l'IFI n'a bénéficié qu'aux 1 % de Français les plus riches, puisque seul 1 % des Français payaient l'ISF.

C'est la raison pour laquelle les Français ont demandé durant le grand débat le rétablissement de l'ISF, le seul impôt qu'ils ne payaient pas.

C'est pour cela que l'ISF est le seul impôt populaire.

Mais ce ne sont pas les très riches, les 0,1 % de Français les plus riches qui en ont le plus bénéficié. Les grandes familles fortunées françaises (Arnault, Pinault, Bettencourt, Dassault) ne payaient qu'un faible ISF rapporté à leur patrimoine total. L'essentiel de leur fortune était composé de leur entreprise, qui bénéficiait de l'exonération au titre des biens professionnels et d'œuvres d'art exonérées. Ils ne payaient de l'ISF que sur leur patrimoine immobilier (ils paient aujourd'hui l'IFI) et sur leurs placements financiers (qui sont exonérés aujourd'hui).

Ceux qui en le plus bénéficié de la suppression de l'ISF sont ceux qui détenaient des actions dans des sociétés sans pour autant que ces sociétés bénéficient de l'exonération au titre des biens professionnels, parce qu'ils ne détenaient pas au moins 25 % de ces sociétés ou parce qu'ils n'en étaient dirigeants.

Ce sont donc pas les fortunes installées qui ont profité de la suppression de l'ISF, mais les nouveaux investisseurs, qui n'avaient pas les moyens de contrôler leurs entreprises ou d'investir dans des œuvres d'art.

En réalité l'ISF ne frappait pas les très riches, mais ceux qui essayaient de le devenir.

CHAPITRE VII
L'IMPOT SUR LES SOCIÉTÉS, L'ÉVASION FISCALE INTERNATIONALE ET LA COMPÉTITIVITÉ

Tous les grands États modernes imposent le bénéfice des entreprises, et les conventions fiscales qui les lient répartissent le droit d'imposer ce bénéfice entre les États dans lesquels les sociétés sont implantées.

Le bénéfice est le solde que dégage l'entreprise une fois qu'elle a payé ses fournisseurs extérieurs et rémunéré les facteurs de production, le travail (salaires et charges sociales) et le capital (amortissements des équipements et intérêts versés aux banques). En période de difficulté, ce solde peut être une perte (un déficit) et en période de prospérité un bénéfice qui est alors imposable. On voit donc que l'assiette de l'impôt sur les bénéfices, appelé impôt sur les sociétés lorsque l'entreprise prend la forme d'une société, est très fluctuante. Les recettes de l'impôt sur les sociétés peuvent en effet fortement varier d'une année à l'autre, et ce d'autant plus que les déficits des années difficiles viennent réduire les bénéfices des années postérieures.

L'impôt sur les sociétés n'a rapporté que 35,7MM€ en 2017, ce qui le place au quatrième rang en termes de rendement budgétaire, après la TVA, la CSG et l'impôt sur le revenu progressif.

Le poids de notre impôt sur les sociétés était en 2017 comparable à celui de nos principaux partenaires. Il représentait en effet 2,35 % de notre PIB, soit un niveau supérieur à ceux de l'Allemagne (2,01 %) ou des États-Unis (1,92 %), mais inférieur à ceux de la Suède (2,63 %), du Royaume-Uni (2,83 %), du Danemark (3,04 %) et du Canada (3,42 %).

Pourtant la France a le taux d'IS le plus élevé de l'OCDE avec 33,33 %. Elle devrait donc avoir un niveau de recettes d'IS plus élevé, ce qui n'est pas le cas. Certains disent que c'est parce que nous aurions trop de niches fiscales et que notre assiette serait plus faible que celle des autres États. C'est vrai que nous avons dans notre législation une aide fiscale significative à la recherche, le crédit d'impôt recherche (CIR) qui incite fortement les sociétés implantées en France à y développer des dépenses de recherche (recrutement de chercheurs et investissements en R&D). C'est un facteur d'attractivité de la France. Le coût budgétaire du CIR est d'environ 7 MM€ ?

Pour le reste notre assiette fiscale n'est pas plus faible que celle de nos partenaires. Ainsi en France, l'amortissement fiscal des actifs incorporels (fonds de commerce, marques, « goodwill ») n'est pas possible, contrairement à ce qui se passe en Allemagne ou en Espagne.

Les plus-values sur cession de titres de filiales sont très faiblement imposées (taux de 4 % au lieu de 33,33 %) ; c'est la fameuse niche Copé. Mais chez nos partenaires, ces plus-values sont souvent exonérées, comme en Allemagne, aux Pays-Bas ou en Belgique.

Jusqu'en 2012 les sociétés pouvaient déduire la totalité de leurs intérêts d'emprunt, ce qui incitait les grandes entreprises à s'endetter pour réduire leur bénéfice imposable, mais cette déduction a été limitée sous François Hollande. De même, jusqu'en 2011, les sociétés pouvaient réduire leur bénéfice imposable en imputant leurs déficits antérieurs en totalité. Ce n'est plus le cas, les déficits antérieurs ne sont imputables en totalité qu'à hauteur de 1 M€, et pour le surplus pour 50 % seulement de leur montant. Quant à l'intégration fiscale, qui permet de compenser les bénéfices et les pertes de sociétés d'un même groupe (liées entre elles par un taux de détention d'au moins 95 %), ses avantages ont été réduits par la jurisprudence de la CJUE.

Donc aujourd'hui la France n'est plus un paradis fiscal pour les sociétés.

En réalité si l'IS ne rapporte pas plus de recettes en France, c'est parce que les bénéfices de nos sociétés sont en moyenne inférieurs à ceux des sociétés implantées chez nos partenaires.

Ainsi en 2017, le taux de marge de nos entreprises non financières (excédent brut d'exploitation sur le chiffre d'affaires) s'élevait à 31,8 %, contre 41,25 % en Allemagne et 38,62 % en moyenne en Europe.

Comme le niveau des salaires bruts est à peu près comparable en France et en Allemagne, la différence de 9,45 % s'explique par les charges patronales et par les impôts de production (CVAE, CFE, C3S).

Entre 2002 et 2005 Gerard Schröder a mis en place une réforme marquée par une forte baisse de charges sociales patronales, alors que la France venait de mettre en place les 35 heures payées 39, qui ont fortement alourdi le coût du travail en France.

Encore faut-il noter qu'en 2013 le taux de marge des entreprises françaises n'était que de 28,1 %. Ce taux a pu remonter grâce au CICE mis en place en 2012 par François Hollande puis par le pacte de responsabilité qu'il a lancé en 2014 (baisse des charges patronales et suppressions de la C3S pour les petites entreprises. Sans cette politique favorable aux entreprises de François Hollande, le nombre de faillites de nos entreprises aurait été bien plus élevé et le chômage aurait continué à croître, alors qu'il a commencé à baisser à compter de 2015.

Les entreprises françaises subissent donc

- des charges sociales patronales très élevées, même si leur niveau a baissé grâce à François Hollande (et Emmanuel Macron qui a transformé le CICE de François Hollande en baisses directes de charges patronales),
-des impôts de production très élevés, dont la majorité du produit (CVAE et CFE) va aux collectivités locales,
-un taux d'IS trop élevé, mais qui devrait baisser de 33,33 % à 25 % d'ici à 2022.

Or nos entreprises sont confrontées à une compétition internationale de plus en plus forte.

De ce fait, l'impôt sur les sociétés dépend de plus en plus de l'évolution de l'environnement international.

1. Le lancement de la mondialisation sous Reagan et la réglementation des prix de transfert

Jusqu'à la fin des années 1970, les économies nationales étaient encore très fermées sur elles-mêmes, l'économie mondiale restant assez cloisonnée depuis la fin de la Seconde Guerre mondiale et le commerce international maitrisé par les États.

La déclaration du président américain Nixon en 1971 selon laquelle les États-Unis ne défendraient plus le taux de change fixe du dollar avait annoncé un changement majeur : la fin du système monétaire de Bretton-Woods fondé sur un régime de taux de change fixes. Désormais les règles du marché allaient fixer les taux de change.

Libéralisation et mondialisation commençaient. Ils allaient connaître une formidable impulsion sous la présidence de Ronald Reagan (1980-1988) qui allait imposer la libéralisation des marchés nationaux. Le commerce international se développa de manière considérable ainsi que les investissements à l'étranger des grands groupes multinationaux.

Les groupes créent des filiales dans de nombreux pays afin de mieux pénétrer les marchés locaux. Ces filiales achètent des produits à leurs sociétés mères pour les revendre sur leur marché.

Les prix auxquels les filiales étrangères achètent leurs produits à leurs sociétés mères s'appellent les prix de transfert.

Pour l'administration Reagan la libéralisation et la mondialisation signifiaient que les autres pays devaient ouvrir leurs marchés aux produits américains, mais la réciproque n'était pas totalement vraie. Les États-Unis entendaient continuer à maitriser leur marché national et accusèrent les groupes étrangers, européens et japonais, de minimiser les bénéfices de leurs filiales américaines via leurs prix de transfert afin de payer le minimum d'impôt aux États-Unis. L'administration fiscale américaine édicta en 1986 une série de « régulations » imposant aux groupes étrangers des obligations de déclaration et de documentation de leurs prix de transfert afin d'accroître les bénéfices qu'ils faisaient aux États-Unis.

Comme ces bénéfices étaient déjà imposés dans leur pays d'origine, les groupes étrangers se mirent à subir des doubles impositions. L'Europe et le Japon protestèrent et saisirent l'OCDE, l'organisation internationale qui avait déjà élaboré un modèle de convention fiscale internationale contre les doubles impositions. L'OCDE publia ainsi en 1995 et 1997 un guide sur les prix de transfert qui s'impose normalement aux États membres de l'OCDE et à leurs entreprises.

Bien entendu les États européens et le Japon se dotèrent eux-aussi progressivement de législation sur les prix de transfert et de moyens de contrôle correspondant.

Depuis cette époque la question des prix de transfert oppose les États les uns aux autres, chacun voulant rapatrier autant de matière imposable sur son territoire. Les entreprises se trouvent être les objets de cette guerre fiscale entre États.

Certes les écarts de niveau d'imposition et les comportements différents des administrations fiscales peuvent créer des opportunités d'optimisation fiscale pour les groupes multinationaux. Mais il faut distinguer les montages sans substance (localiser grâce à une manipulation des prix de transfert du bénéfice dans des sociétés sans activité localisées dans des paradis fiscaux) des schémas dans lesquels le bénéfice laissé dans une filiale étrangère est justifié par l'importance de l'activité industrielle ou commerciale de la filiale ou par l'importance de ses actifs (marque, savoir-faire...).

Il faut aussi voir que la plupart des administrations fiscales étrangères mettent le contrôle des prix de transfert au service de leur économie, comme le font les États-Unis, mais aussi le Japon, la Chine et même l'Allemagne : elles remettent en cause les prix de transfert des groupes qui ont une filiale installée chez eux, mais elles ne s'attaquent pas aux groupes de leurs pats ayant des filiales à l'étranger.

L'administration fiscale française traite quant à elle de la même manière les groupes étrangers et les groupes français. Elle redresse les groupes étrangers quand elle estime que le bénéfice de leurs filiales françaises est insuffisant, mais elle redresse aussi les groupes français quand elle estime que le bénéfice de leurs filiales étrangères est trop élevé.

Nos grands groupes se trouvent alors coincés entre les administrations des différents pays. La France possède en effet de nombreux grands groupes, à l'instar des États-Unis et du Royaume-Uni, dans l'industrie (L'Air liquide, Saint-Gobain), l'automobile (PSA, Renault-Nissan), l'énergie (Total, EDF, Engie), le luxe et les cosmétiques (LVMH, Kering, L'Oréal), la grande distribution (Carrefour), les services aux collectivités locales (Veolia, Suez Environnement), la banque (BNPPARIBAS) ou l'assurance (Axa).

Certes il existe heureusement des procédures obligeant les administrations fiscales à se mettre d'accord entre elles sur le partage des bénéfices en éliminant la double imposition que subissent les groupes. Ce sont les procédures amiables prévues par le droit de l'Union européenne pour les redressements portant sur des transactions entre sociétés d'État membres, ou par certaines conventions fiscales, comme la convention entre les États-Unis et la France.

2. La crise financière de 2008-2009 et la lutte contre les paradis fiscaux

Comme indiqué ci-dessus, certaines administrations fiscales jouaient un double jeu : elles obligeaient les groupes étrangers à respecter la législation sur les prix de transfert tout en incitant leurs groupes nationaux à pratiquer l'évasion fiscale et à recourir aux paradis fiscaux.

La crise financière de 2008/2009, déclenchée par la faillite de la banque américaine Lehman Brothers, a mis en lumière les risques pris par le système financier mondial, et plus particulièrement anglo-saxon (États-Unis, Royaume-Uni). Les banques de ces pays réalisaient de nombreuses opérations dans des paradis fiscaux, pour ne pas payer d'impôt, mais aussi pour ne pas révéler ces opérations. L'opacité qui en résultait ne permettait pas aux autorités de régulation publiques ni aux administrations fiscales de vraiment contrôler les banques.

Les groupes américains avaient recours aux paradis fiscaux américains : Delaware, Porto Rico, Bahamas, Bermudes...et les groupes britanniques aux paradis fiscaux britanniques : Jersey, Guernesey, Ile de Man.

Sous la pression conjointe de Barack Obama, Nicolas Sarkozy et Angela Merkel, les dirigeants des grandes puissances, réunis dans le cadre du G7 décidèrent d'organiser la lutte contre les paradis fiscaux et confièrent cette tâche à l'OCDE, action ensuite élargie au niveau du G20.

Cette lutte prit la forme suivante :

-l'OCDE publia chaque année une liste des paradis fiscaux, liste divisée en deux parties : la liste noire des vrais paradis fiscaux non coopératifs et la liste grise des paradis fiscaux qui ont fait des efforts,
-tous les paradis fiscaux furent incités à conclure avec les autres États une convention d'assistance administrative obligeant les États partis à la convention à transmettre les informations nécessaires à la lutte contre la fraude et l'évasion fiscale,
-le secret bancaire, souvent opposé par les paradis fiscaux, devait obligatoirement être levé. Ainsi la Suisse et le Luxembourg ont dû renoncer au secret bancaire.

Parallèlement l'Union européenne entreprit la lutte contre les pratiques de certains États européens consistant à accorder des régimes fiscaux dérogatoires, via la délivrance de décisions particulières favorables, dites

« rulings », aux entreprises s'implantant chez eux, comme le Luxembourg, les Pays-Bas, la Belgique ou l'Irlande. Certains de ces régimes ont été qualifiés par la Commission européenne d'aides d'État contraires aux règles communautaires de la concurrence.

Cela dit, devant l'accroissement de la concurrence international et des phénomènes de désindustrialisation et de délocalisation, la plupart des États se sont aussi engagés dans une baisse de leur taux d'impôt sur les sociétés qui menace la compétitivité de nos entreprises.

3. Les actions BEPS ou comment l'OCDE est devenue l'organisation internationale de la fiscalité

L'OCE a développé ensuite le projet dit BEPS (acronyme anglais pour « érosion de la base d'imposition et le transfert de bénéfices ») afin de créer, dans le domaine de la fiscalité internationale, un ensemble unique de règles faisant l'objet d'un consensus pour protéger l'assiette imposable des États tout en offrant aux contribuables une prévisibilité et une certitude accrues.

Désormais la fiscalité internationale obéit, du moins en théorie, à des règles communes fixées par l'OCDE. En effet en 2015 l'OCDE a adopté un cadre d'orientations comportant 15 grandes actions que doivent respecter les États et les groupes multinationaux.

L'OCDE, qui avait commencé dans les années 1950 à mettre au point un modèle de convention fiscale bilatérale pour lutter contre les doubles impositions, puis était devenue dans les années 1980 le lieu d'élaboration des principes à respecter en matière de prix de transfert est devenue finalement durant les années 2010 l'organisation mondiale de la fiscalité qui manquait jusqu'à présent.

On peut aussi signaler, parmi les réalisations de l'OCDE l'élaboration d'une convention fiscale multilatérale. L'idée est que plutôt que de modifier les 3000 conventions fiscales bilatérales existant dans le monde, il valait mieux que les États adhèrent à une nouvelle convention multilatérale incluant les recommandations BEPS, adhésion à la nouvelle convention qui se traduirait par la modification automatique des conventions fiscales bilatérales. La France fait partie des États ayant ratifié la convention multilatérale (les États-Unis ne l'ont pas encore fait).

Autre avancée significative : la mise au point de l'obligation pour les groupes multinationaux de communiquer aux administrations fiscales la répartition de leurs bénéfices et de leurs impôts pays par pays (« country by country reporting » ou CBCR) qui assure la transparence des groupes vis-à-vis des administrations fiscales.

Mais toute cette œuvre pourrait être fragilisée, si les États-Unis ne ratifient pas la convention multilatérale.

4. L'arrivée de Donald Trump et la nouvelle politique fiscale américaine

L'élection de Donald Trump en novembre 2016 a changé la donne.

Désormais la priorité américaine n'est plus la lutte contre l'évasion fiscale ni la surveillance du système bancaire. Les États-Unis privilégient maintenant les intérêts de l'économie américaine, vue de manière étroite. La fiscalité doit être mise au service de l'entreprise américaine, ce qu'elle était déjà, mais Donald Trump souhaite aller plus loin.

La réforme fiscale américaine votée en décembre 2017 a prévu ainsi une baisse du taux nominal de l'impôt sur les sociétés (IS) qui est passé de 35 % à 21 % dès 2018, ce qui place le taux d'IS américain en dessous de la moyenne des pays de l'OCDE.

Par ailleurs, les groupes multinationaux ayant logé des profits à l'étranger, en particulier les géants du Web et de la pharmacie, peuvent les rapatrier aux États-Unis en acquittant un taux d'impôt relativement faible : 15,5 % pour les liquidités et 8 % pour les actifs non liquides.

Désormais la compétition fiscale est lancée et les États-Unis protègent et aident leurs entreprises.

5. La question des GAFA

Parmi les groupes visés par les pratiques d'érosion de la base fiscale que les actions BEPS veulent combattre figurent les géants du numérique, ceux qu'on appelle les GAFA : Google, Apple, Facebook, Amazon.

Pour attaquer les marchés européens ils localisent leurs bénéfices en Irlande ou au Luxembourg, où ils payent peu d'impôts, et de là ils interviennent sur les marchés européens où ils ne paient pas d'impôt, car ils n'y disposent pas d'établissement stable.

En effet les conventions fiscales contre les doubles impositions ont été conçues dans les années 1950 et 1960, à l'époque de l'économie réelle, c'est-à-dire à une époque où les activités économiques se déployaient dans des endroits physiquement localisables, dans une usine ou dans un commerce. Afin de répartir le pouvoir d'imposer entre les Etats, le principe retenu par les conventions fiscales conçues sur le modèle OCDE est que le pouvoir d'imposer appartient à l'État où l'entreprise exerce une activité via un établissement stable, c'est-à-dire une usine ou un magasin.

Cette approche est complètement dépassée lorsque l'on traite de l'économie numérique ou digitale. Les GAFA font un chiffre d'affaires colossal sur nos marchés en utilisant les données personnelles de nos consommateurs, sans pour autant y avoir une présence physique. Ils ne paient donc pas d'impôt chez nous.

L'OCDE travaille sur une nouvelle définition de l'établissement stable ou sur une nouvelle approche du rattachement de la matière imposable, sujet compliqué techniquement, mais aussi politiquement, des États comme les États-Unis, le Luxembourg ou l'Irlande y étant opposés.

La France d'Emmanuel Macron est en pointe sur le sujet. Elle a essayé d'avancer sur la définition d'une taxe GAFA au niveau européen, en attendant que les travaux de l'OCDE ne débouchent. Mais cela n'a pas été possible du fait de l'opposition de l'Irlande et du Luxembourg et des craintes de l'Allemagne face à d'éventuelles rétorsions commerciales américaines contre les importations d'automobiles allemandes aux États-Unis.

La France a donc adopté en avril 2019 une taxe GAFA imposant le chiffre d'affaires que les GAFA réalisent en France au taux de 3 %. Les États-Unis ont protesté contre cette initiative française.

6. L'attractivité

a. La baisse des taux de l'IS

Comme indiqué ci-dessus avec 33,33 %, la France a le taux d'IS le plus élevé de l'OCDE. Or nous assistons depuis quelques années à une baisse des taux d'IS. La baisse du taux américain à 21 % est particulièrement significative.

Le Royaume-Uni a aussi entamé une baisse de son taux progressive sur plusieurs années, qui l'a amené à 19 % en 2019 et l'amènera à 17 % en 2020.

À la fin du quinquennat de François Hollande a été votée sur le modèle britannique une baisse progressive du taux de l'IS l'amenant à 28 % en 2020.

Emmanuel Macron est allé plus loin en faisant adopter une baisse progressive qui amènera notre taux d'IS à 25 % en 2022, soit un niveau égal à la moyenne des taux de nos voisins, les Allemands ayant un taux proche de 29 %.

b. Les investissements étrangers en France

Parallèlement l'attractivité de la France pour les investissements étrangers s'améliore nettement. En 2018, l'agence publique en charge de la promotion de l'attractivité de la France auprès des investisseurs étrangers (Business France) a recensé 1.323 décisions d'investissement contre 1.298 en 2017 et 1.117 en 2016. 2017 avait été marquée par le retour des firmes américaines sur le territoire français. En 2018, ce retour est confirmé avec une stabilisation des décisions constatée entre 2017 et 2018. Avec 232 projets en 2018 contre 230 en 2017, les États-Unis représentent 18 % du total des décisions d'investissements en France. Les entreprises américaines privilégient des investissements dans la recherche et développement, sans doute du fait de notre crédit d'impôt-recherche. Elles sont à l'origine du quart des décisions enregistrées dans ce domaine.

Les pays membres de l'Union européenne sont très présents dans les projets d'investissement recensés par l'agence. Sur le total, les projets européens représentent 61 % contre 21 % pour l'Amérique du Nord et 11 % pour l'Asie. L'Allemagne se place à la seconde place du podium des investisseurs en France, derrière les États-Unis, avec 180 projets d'investissement dénombrés, en baisse de 13 % par rapport à 2017. Nos voisins allemands réalisent 14 % des investissements étrangers et 12 % des emplois associés. Les entreprises allemandes sont très impliquées dans le domaine de la logistique. Elles sont à l'origine de 29 % des décisions dans ce secteur.

Viennent ensuite dans le classement des nationalités des investisseurs en France : le Royaume-Uni (118 décisions), les Pays-Bas (104) et l'Italie (94).

La France est devenue en 2018 le deuxième pays européen en termes d'investissements étrangers sur son territoire, derrière le Royaume-Uni, mais, pour la première fois, devant l'Allemagne.

c. Le crédit d'impôt recherche

Comme indiqué ci-dessus, notre crédit d'impôt recherche (CIR) joue un rôle très important pour rendre notre pays attractif. Aucun autre État de l'OCDE ne dispose d'un dispositif similaire.

Le crédit d'impôt recherche a été créée par le gouvernement de Pierre Mauroy en 1982. Il est aujourd'hui égal à 30 % du montant des dépenses de recherche d'une entreprise, dépenses internes (salaires des chercheurs, amortissements des équipements de recherche et des brevets) ou externes (dépenses de sous-traitance à des laboratoires de recherche agréés), pour la part des dépenses inférieure à 100 M€ et à 5 % des dépenses excédant ce seuil. Ce crédit d'impôt permet d'acquitter l'impôt sur les sociétés de l'année et des trois années suivantes. S'il n'a pas pu être utilisé en totalité au terme de ces trois ans, il est remboursé par l'administration.

Avec 144 projets d'implantations ou d'agrandissements de centres de Recherche & Développement (R&D) étrangers sur notre territoire en 2018, la France est en train de devenir *« le centre névralgique de l'Europe en matière d'innovation »,* selon les consultants d'Ernst & Young auteur d'un baromètre sur l'attractivité. Le nombre d'investissements étrangers dans des centres de R&D en France l'an passé a été, de fait, supérieur à ceux en Allemagne et au Royaume-Uni réunis. C'est la preuve de l'efficacité de ce dispositif. Et pour l'avenir de notre économie, il est très important de se spécialiser sur les actions de recherche et développement.

Le coût budgétaire du crédit d'impôt recherche est d'environ 7MM€ par an, ce qui en fait l'une des plus importantes niches fiscales en faveur des entreprises. De ce fait, il fait régulièrement l'objet de propositions de réduction de son coût.

Pour sécuriser les entreprises et confirmer l'attractivité de la France, Jean-Marc Ayrault, alors Premier ministre, l'avait sanctuarisé sur la durée du quinquennat de François Hollande. Des parlementaires de la République En Marche voudraient en réduire le coût en plafonnant son montant pour les grands groupes, ce qui serait une erreur sur le plan économique.

7. L'harmonisation de l'impôt sur les sociétés au sein de l'Union européenne

a. Les compétences de l'Union en fiscalité des entreprises

En vertu du principe de spécialité l'Union européenne n'a qu'une compétence d'attribution. L'Union ne peut intervenir que s'il existe une base juridique à son action.

L'Union dispose ainsi d'une compétence partagée avec les États membres en matière de fiscalité indirecte (TVA, droits d'accise…), en application des articles 90, 91 et 93 du traité instituant la Communauté européenne (CE), ce qui a permis d'harmoniser l'assiette de ces impôts et d'encadrer leurs taux.

En revanche, la fiscalité directe reste une compétence réservée des États membres. En principe, seuls les États membres peuvent intervenir dans ce domaine.

Comme indiqué au chapitre II, cette affirmation doit cependant être nuancée :

- en vertu de leur devoir général de coopération, les États membres doivent s'abstenir de toutes mesures susceptibles de mettre en péril la réalisation des buts du traité (article 10 alinéa 2 du traité CE) et, à ce titre, ils doivent, en application de la jurisprudence de la CJUE, exercer leur compétence dans le respect du droit communautaire (respect notamment des grandes libertés : de circulation des travailleurs, de circulation des capitaux, d'établissement des entreprises et prestations de services),

- l'Union peut intervenir en matière de fiscalité directe au titre de ses compétences, subsidiaires ou implicites, afin de remplir ses objectifs.

Ainsi, sur le fondement de l'article 94 du traité CE, qui permet au Conseil d'arrêter des directives pour rapprocher les dispositions législatives, réglementaires et administratives des États membres qui ont une incidence directe sur l'établissement du fonctionnement du marché commun, le Conseil a pu, sans disposer de compétences en fiscalité directe, adopter des directives dans ce domaine.

b. Le bilan de l'harmonisation fiscale européenne

L'harmonisation fiscale européenne, en matière d'assiette et d'encadrement des taux, est allée très loin en fiscalité indirecte (TVA et droits d'accises), avec l'adoption de nombreuses directives et règlements depuis les années 1960.

Le bilan en fiscalité directe est en revanche beaucoup plus maigre.

Le Conseil a tout d'abord adopté trois textes en juillet 1990 :

- une directive sur le régime fiscal des fusions entre sociétés d'États membres différents, organisant la neutralité fiscale de telles opérations,

- une directive organisant l'exonération fiscale des distributions de dividendes entre sociétés d'un même groupe (régime mères-filles),

- une convention multilatérale mettant en place une procédure de règlement des conflits entre les États membres en cas de contrôles fiscaux se traduisant par des doubles impositions (problème dit des prix de transfert).

En juin 2003, le Conseil a adopté deux nouvelles directives :

- une première organisant l'exonération de retenues à la source dans l'État de la société qui effectue le versement des intérêts et redevances à des sociétés d'un même groupe,

- une seconde concernant la fiscalité de l'épargne des personnes physiques résidentes d'un autre État membre que celui où est localisé l'établissement payeur. La directive organise les échanges d'informations entre les administrations fiscales de l'État de résidence de l'établissement payeur et celui de résidence de l'épargnant.

En 2003, le Conseil a aussi modifié la directive de juillet 1990 sur le régime mères-filles en l'assouplissant.

Un code de conduite entre les États membres a, par ailleurs, été adopté par le Conseil européen en novembre 2000 ; les États se sont engagés à ne pas se faire de concurrence fiscale déloyale, et ont décidé de démanteler un certain nombre de régimes fiscaux privilégiés dont la Commission a dressé la liste (notamment les régimes applicables aux centrales de trésorerie, aux quartiers généraux…). En juin 2019 la Commission européenne a identifié six États membres ayant des pratiques fiscales dommageables : Chypre, la Hongrie, l'Irlande, le Luxembourg, Malte, les Pays-Bas.

Enfin, en application des règles de libre concurrence au sein du marché intérieur, la Commission s'attache à éliminer les aides fiscales d'Etat, c'est-à-dire les mesures fiscales favorables adoptées par un Etat et qui constitueraient des aides en faveur de ses entreprises face à la concurrence des entreprises des autres États. De telles aides sont en effet prohibées par les articles 87 et 88 du traité CE. Ainsi la Commission européenne a estimé que le régime fiscal favorable dont a bénéficié Apple en Irlande constituait une aide d'État d'un montant de 13MM€. En revanche, le régime fiscal dont a bénéficié McDonald's au Luxembourg n'a finalement pas été considérée comme une aide d'État illégale.

On voit que la fiscalité directe des entreprises, qui en théorie relève de la compétence exclusive des États membres, est donc, dans les faits, encadrée par Bruxelles.

On constate aussi que la règle de la prise de décisions à l'unanimité en fiscalité n'a pas empêché l'adoption de ces mesures par l'Union.

c. La coopération renforcée

Le traité d'Amsterdam de 1997 a complété le processus de prise de décision communautaire par l'instauration du mécanisme dit de la « coopération renforcée ». Les États membres qui le souhaitent peuvent décider d'instaurer entre eux une coopération renforcée, ouverte à la participation de tous les États membres, et se traduisant par le recours aux institutions, procédures et mécanismes prévus par le traité sur l'Union européenne et le traité instituant la Communauté européenne.

Autrement dit, les dispositions institutionnelles des traités peuvent s'appliquer à des actions menées seulement par une partie des États membres.

La coopération renforcée doit réunir au moins huit États membres.

Les États désireux d'instaurer entre eux une coopération renforcée doivent obtenir au préalable l'autorisation du Conseil qui statue à la majorité qualifiée.

Pour l'élaboration et la mise en œuvre de la coopération renforcée, seuls les membres du Conseil représentants les Etats participant à la coopération renforcée prennent part à l'adoption des décisions. L'unanimité, qui reste en tout état de cause nécessaire dans le domaine fiscal, n'est donc requise que des voix des seuls membres concernés.

Ce dispositif a été repris tel quel dans le traité de Lisbonne de 2008 (sauf pour ce qui concerne la politique étrangère et de sécurité commune). Le traité précise cependant que la coopération renforcée devra impliquer au moins le tiers de Etats membres.

La coopération renforcée consacre juridiquement le concept d'Europe à géométrie variable, appelée aussi Europe à plusieurs vitesses.

d. L'état actuel des travaux communautaires

La Commission a proposé en 2011 de relancer l'harmonisation de l'assiette de l'impôt sur les sociétés en partant du constat que le résultat fiscal n'est pas déterminé de la même manière dans les différents États.

Elle a déposé une proposition visant à déboucher sur une Assiette Commune Consolidée pour l'Impôt sur les Sociétés (ACCIS) qui constituerait un ensemble unique de règles permettant de déterminer le résultat imposable d'une société au sein de l'UE. Avec l'ACCIS, les sociétés exerçant des activités transfrontalières devront se conformer à un système européen unique pour déterminer leur revenu imposable, plutôt qu'aux différents régimes nationaux dans lesquels l'activité est exercée. Les groupes soumis au régime ACCIS auraient la possibilité de ne remplir qu'une seule déclaration fiscale consolidée pour l'ensemble de leurs activités au sein de l'UE. Les résultats imposables consolidés du groupe seraient répartis entre chacune des sociétés qui le constituent par application d'une formule simple. Cela permettra à chaque État membre de soumettre les bénéfices des sociétés résidentes de cet État à son propre taux.

En 2016, pour essayer de débloquer la situation elle a relancé le projet ACCIS dans un premier temps, l'assiette commune serait mise en œuvre et ce n'est que dans un second temps que la consolidation serait mise en place. Mais les travaux n'ont pas pour autant avancé.

En revanche, l'Union a adopté le 12 juillet 2016 une directive établissant des règles pour lutter contre les pratiques d'évasion fiscale qui ont une incidence directe sur le fonctionnement du marché intérieur, dite « directive Atad » (Anti Tax Avoidance Directive).

Dans le prolongement des travaux BEPS de l'OCDE, la directive prévoit cinq mesures anti-évasion : une limitation des intérêts d'emprunt par les grandes entreprises, un « exit tax » sur les plus-values latentes d'actifs transférés lorsqu'une entreprise change de résidence fiscale, une clause anti-abus générale, des règles sur les filiales étrangères contrôlées et une mesure de lutte contre les dispositifs financiers hybrides mi-capitale/mi dette.

Signalons enfin que devant l'absence d'avancée de l'harmonisation de l'assiette de l'IS au niveau de l'Union européenne, la France et l'Allemagne ont envisagé en 2007 d'avancer ensemble sur ce sujet, mais cela n'a pas débouché. Emmanuel Macron et Angela Merkel ont relancé ce chantier en 2018.

CHAPITRE VIII
LA SUPPRESSION DE LA TAXE D'HABITATION ET LE MAQUIS DE LA FISCALITÉ LOCALE

Le débat sur la réforme fiscale a traditionnellement tendance à se focaliser sur la fiscalité d'Etat et à délaisser la fiscalité locale, oubliant par là même que les collectivités locales (régions, départements, communes et leurs groupements) sont les bénéficiaires du produit de nombreux impôts.

Tout d'abord, elles partagent le produit de certains d'entre eux avec l'État. C'est ainsi le cas de la taxe intérieure de consommation sur les produits énergétiques (TICPE) et de la TVA, pour les régions, et des droits de mutation à titre onéreux ou de la taxe sur les conventions d'assurance, pour les départements.

Ensuite, elles perçoivent la totalité du produit d'autres impôts comme, par exemple, la taxe sur les cartes grises et surtout de ce que l'on appelle traditionnellement les quatre « vieilles » (les taxes foncières sur les propriétés bâties et non bâties, la taxe d'habitation et les deux impôts, la CVAE et la CFE, qui ont remplacé la taxe professionnelle). Le produit de ces impôts est affecté en totalité aux différents niveaux de collectivités locales (la produit de la taxe d'habitation ne va cependant qu'au bloc communal : communes et groupements de communes).

Les collectivités locales votent chaque année les taux des impôts dont le produit leur est affecté en totalité.

La fiscalité locale souffre depuis de très nombreuses années de son caractère vétuste, car sa conception date du début des années 1970. En effet, les valeurs locatives cadastrales, qui servent d'assiettes aux taxes foncières, à la CFE et à la taxe d'habitation (mais pas pour les locaux professionnels industriels qui sont évalués selon la valeur comptable brute figurant au bilan) n'ont pas été révisées depuis 1974 (sauf pour les locaux professionnels

commerciaux qui ont fait l'objet d'une révision avec effet au 1er janvier 2017).
De ce fait les propriétaires, pour la taxe foncière, ou les occupants, pour la taxe d'habitation et la CFE, de locaux construits postérieurement à 1970 sont pénalisés par rapport aux autres, et ce d'autant plus que ces locaux sont neufs, car leur valeur locative cadastrale est plus élevée que celle des locaux anciens.

Or parallèlement, depuis plus de trente ans, le poids de la fiscalité locale s'est fortement accru, notamment du fait de l'adoption des lois de décentralisation dites « lois Defferre » au début des années 1980. La décentralisation s'est en effet traduite par une augmentation des attributions des collectivités locales, et donc par une hausse corrélative de leurs budgets et de leurs recettes fiscales.

Des impôts à structure « vieillissante » sont acceptés par les contribuables lorsque la pression fiscale est relativement basse, mais lorsque celle-ci augmente, ce qui est le cas depuis une vingtaine d'années en France où on assiste à une hausse régulière des taux des impôts locaux, le poids de ces impôts devient de plus en plus difficile à supporter.

L'administration a cependant mis en œuvre une révision des valeurs locatives cadastrales des locaux professionnels commerciaux qui s'applique depuis le 1er janvier 2017.

En revanche, la révision des valeurs locatives cadastrales des locaux d'habitation n'a jamais été mise en œuvre ; elle se traduirait par des transferts massifs d'impositions entre les foyers fiscaux, en taxes foncières, mais surtout en taxe d'habitation, impôt qui concerne tous les Français.

La réforme de la fiscalité locale constitue un serpent de mer depuis les années 1970. Elle est très compliquée à mettre en œuvre, car l'adoption de la loi fiscale, y compris locale, relève de la compétence du Parlement, mais elle met en jeu les relations entre l'État et les collectivités locales, relations toujours conflictuelles, surtout en période d'austérité budgétaire comme c'est le cas depuis 2011.

Mais une telle réforme est plus difficile à mettre en œuvre depuis l'adoption de la révision constitutionnelle du 28 mars 2003 ainsi que de la loi organique relative à l'autonomie financière des collectivités locales du 29 juillet 2004, qui a fait suite à cette modification constitutionnelle.

De plus, l'organisation des collectivités locales s'est beaucoup complexifiée. Traditionnellement il n'existait que deux niveaux de collectivités locales : les départements et les communes. S'y sont ajoutées les régions en 1982. Puis progressivement est intervenu le niveau supra-communal : syndicats de communes, EPCI, communautés urbaines puis, sous François Hollande, les métropoles. On peut donc considérer qu'il y a aujourd'hui quatre niveaux de collectivités locales.

Il est donc difficile de concevoir une réforme de la fiscalité locale indépendamment de la réforme de l'organisation territoriale, de la simplification du millefeuille territorial. Mais cette simplification est très délicate à réaliser, les élus étant très attachés à leur statut et à leur indépendance.

1. La réforme de la taxe professionnelle de 2010

Pour autant il faut saluer la réforme de la taxe professionnelle de 2010 mise en œuvre sous Nicolas Sarkozy. La taxe professionnelle avait remplacé la patente en 1975, mais cette réforme avait entrainé des transferts de charges considérables entre les collectivités locales et avait débouché sur un impôt antiéconomique qui taxait les facteurs de production : le capital (bâtiments, équipements industriels et commerciaux) et le travail (salaires et coûts salariaux).

Afin de ne pas pénaliser les entreprises peu rentables, il avait fallu plafonner le montant de la taxe professionnelle en fonction de la valeur ajoutée.

De plus, pour éviter que les collectivités locales ne surtaxent les entreprises et taxent peu les redevables de la taxe d'habitation et des taxes foncières qui sont des électeurs, il avait fallu aussi créer un lien entre les taux que votait une même collectivité locale pour les quatre impôts.

Enfin, les taux variant fortement d'une commune à l'autre, il en résultait des distorsions importantes qui créait des inégalités de concurrence entre les entreprises.

La réforme de 2010 a consisté à sortir l'ensemble des équipements de l'assiette de l'impôt et d'en consacrer un à l'occupation des locaux, l'équivalent de la taxe d'habitation pour les entreprises. Cet impôt s'appelle la contribution foncière des entreprises (CFE). Les équipements productifs ne sont donc plus taxés.

Certaines entreprises, comme Orange, la SNCF ou EDF, acquittent aussi une imposition forfaitaire sur les entreprises de réseaux (IFER), assise sur les installations de production d'électricité, le matériel roulant ou les réseaux de communications électroniques en fibre optique et en câble coaxial.

Ensuite la réforme à consister à aller jusqu'au bout de la logique du plafonnement en fonction de la valeur ajoutée, en retenant carrément celle-ci comme assiette d'un nouvel impôt : la contribution à la valeur ajoutée (CVAE).

La valeur ajoutée est un indicateur de profitabilité de l'entreprise. Elle mesure mieux sa capacité contributive que l'ancienne assiette de la taxe professionnelle. Elle est égale à la différence entre les ventes de l'entreprise et ses achats. Elle sert à rémunérer les facteurs de production : le capital et le travail.

Enfin, la réforme a consisté à retenir un taux uniforme pour la CVAE sur l'ensemble du territoire, évitant les écarts de taux entre les collectivités locales qui influaient artificiellement la localisation des investissements, mais limitant par là-même leur liberté.

On peut donc considérer que la réforme de la taxe professionnelle a été menée à son terme et a, d'un point de vue purement fiscal, été une réussite, car elle a remplacé la taxe professionnelle par des impôts assis sur des éléments plus représentatifs de la capacité contributive des entreprises.

Pour autant, ces impositions pèsent lourd sur le compte d'exploitation des entreprises. La CVAE, la CFE et l'IFER ont rapporté 21,5MM€ en 2017, soit les deux tiers du produit de l'IS (35,7MM€). Elles constituent des impôts de production qui obèrent la rentabilité opérationnelle de nos entreprises et expliquent en grande partie la faiblesse de leur taux de marge face à leurs concurrentes.

Mais la baisse de ces impôts, qui serait nécessaire pour accroître la compétitivité de nos entreprises nécessiterait de trouver des recettes de substitution pour les collectivités locales, à un moment où il faut aussi en trouver pour remplacer la taxe d'habitation. Cela paraît donc très difficilement envisageable à court terme.

Signalons enfin un autre problème. Par définition la CFE n'impose que les entreprises qui disposent d'une installation physique (usine ou magasin).

Elle n'impose par les entreprises qui font de la vente en ligne, les entreprises de l'économie numérique ou digitale. De ce fait les commerçants « classiques » se plaignent de la distorsion de concurrence que cela leur crée.

2. Pourquoi la suppression de la taxe d'habitation est nécessaire

Voilà plus de vingt ans que la taxe d'habitation est en crise.

Son principe est déjà contestable en soi, puisqu'elle n'impose ni un revenu ni une dépense ni un patrimoine, les trois éléments classiquement retenus comme représentatifs d'une capacité contributive, mais la simple disposition d'un logement.

Elle est difficilement justifiable lorsque les ménages imposés à la taxe d'habitation disposent de revenus faibles.

Elle devient insupportable psychologiquement lorsqu'en plus les loyers augmentent, ce qui est le cas depuis une quinzaine d'années. Il est en effet de plus en plus difficile pour une partie importante de la population soit tout simplement de se loger, soit de se loger décemment.

En effet en imposant la simple disposition d'un logement, la taxe d'habitation augmente de fait le coût du logement.

N'oublions pas que la taxe d'habitation concerne un nombre de contribuables très important (environ 30 millions de foyers imposables). En effet, si seulement la moitié environ des Français est assujettie à l'impôt sur le revenu et aux taxes foncières, la grande majorité d'entre eux est assujettie à la taxe d'habitation, y compris une partie de nos concitoyens les plus démunis. Des exonérations et des abattements sont heureusement prévus pour ces derniers.

La taxe d'habitation a rapporté 19,3 MM€ en 2017.

La taxe d'habitation est aussi mal acceptée parce que son calcul est complexe. Son montant dépend en effet de la valeur locative cadastrale du logement en cause, valeur qui est utilisée pour asseoir la taxe foncière, et qui n'a qu'un lointain rapport avec le montant des loyers réellement acquittés.

De plus, les valeurs locatives cadastrales des locaux d'habitation, comme rappelé ci-dessus, n'ont pas été révisées depuis 1970. Cela signifie que les valeurs locatives cadastrales des habitations construites antérieurement à cette date sont sous-évaluées, comparativement aux valeurs locatives cadastrales des habitations postérieures.

Toutes choses égales par ailleurs, l'assiette de l'impôt d'un logement ancien (situé parfois dans un beau quartier du centre-ville) est donc plus faible que celle d'un logement récent (notamment un logement social situé à la périphérie de la ville).

Quant aux écarts de taux, ils peuvent être considérables d'une commune à l'autre (la taxe est perçue au profit des communes et des groupements de communes, dont les taux se cumulent).

François Adam, Olivier Ferrand et Rémi Rioux indiquent ainsi dans *Finances publiques* : *« L'écart peut être très important : il est ainsi de plus de 1 à 10 entre Neuilly sur Seine avec moins de 4 % et Marquette-Lez-Lille où les taux dépassent 40 % ».*

D'une manière générale, son taux est plus faible dans les communes riches (qui ont peu d'équipements sociaux à financer) que dans les communes où la population dispose de peu de revenus et a besoin d'équipements sociaux. De la sorte, pour un logement de même superficie, les ménages aux faibles revenus supportent souvent une taxe d'habitation plus lourde que les ménages aisés.

Dans les faits, la taxe d'habitation constitue donc, la plupart du temps, un impôt régressif en fonction du revenu : les foyers aux faibles revenus habitant dans des communes pauvres paient plus de taxe d'habitation que les foyers aisés habitant dans des communes riches.

Il existe toutefois un mécanisme de plafonnement de la taxe d'habitation en fonction du revenu. Il est égal à la fraction de la cotisation de taxe d'habitation, due au titre de la résidence principale, qui excède 4,3 % du revenu. Ce mécanisme n'est applicable que si le revenu du contribuable ne dépasse pas un revenu fiscal de référence (25.839 € pour l'abattement applicable en 2018), diminué d'un abattement d'un montant variable en fonction de la situation de famille du contribuable.

Les contribuables âgés de plus de 60 ans, les veufs et les veuves, les titulaires de certains minima sociaux (l'allocation supplémentaire versée par le fonds de solidarité vieillesse ou le fonds spécial d'invalidité, l'allocation aux adultes handicapés) peuvent également être exonérés de la taxe d'habitation, au titre de leur habitation principale, sous la condition que leurs revenus ne dépassent pas un certain montant.

Enfin, des abattements sont octroyés pour personnes à charge (enfants pris en compte pour l'impôt sur le revenu et ascendants âgés de plus de 70 ans et résidant sous le même toit).

Pour toutes ces raisons, cet impôt est donc difficilement compréhensible et difficilement acceptable par les contribuables.

Mal compris et mal accepté, cet impôt est tout naturellement source de gestion importante pour l'administration fiscale.

Ainsi, en 2017, la taxe d'habitation a engendré à elle seule 887.000 réclamations contentieuses, soit 31 % du total des réclamations contentieuses reçues par l'administration fiscale pour tous les impôts confondus, impôts d'État et impôts locaux. Cette importance s'explique notamment par le fait que le plafonnement et les exonérations indiqués ci-dessus ne sont accordés que par voie de réclamation contentieuse à l'initiative du contribuable.

La taxe d'habitation a aussi engendré 370.000 réclamations gracieuses (représentant 36 % du total des réclamations gracieuses), dues au fait que beaucoup de contribuables n'ont pas les moyens de payer leurs cotisations (les chômeurs, les personnes âgées...).

La taxe d'habitation cumule ainsi deux inconvénients majeurs :

- c'est un impôt, non seulement sans lien avec la capacité contributive du contribuable, mais en plus, la plupart du temps, régressif en fonction du revenu ;

- c'est un impôt mal compris des contribuables, car résultant de calculs complexes.

a. Le programme présidentiel d'Emmanuel Macron avait prévu d'exonérer de taxe d'habitation 80 % des foyers

Le programme fiscal présidentiel d'Emmanuel Macron comportait une composante sociale importante : l'exonération de taxe d'habitation de 80 % des foyers.

Cette exonération de taxe d'habitation visait à redonner du pouvoir d'achat aux ménages qui paient peu d'impôt sur le revenu ou qui n'en paient pas du tout. Le coût de la mesure était évalué à environ 9MM€, ce qui est considérable.

Il était prévu que l'exonération soit étalée sur trois ans : 30 % de réduction en 2018, 35 % en 2019 et 35 % en 2020.

Dès le début Emmanuel Macron avait précisé que ce coût serait pris en charge en totalité par l'État. Pour rassurer les maires, qui n'ont pas confiance en l'Etat, il avait indiqué que cette prise en charge ne passerait pas par une compensation budgétaire, mais prendrait la forme d'un dégrèvement. Concrètement, les avis d'imposition continueront à être émis pour la totalité de leurs montants, et l'administration fiscale procéderait à un dégrèvement automatique, dégrèvement pris financièrement en charge par l'État.

Cette perte de recette fiscale pour les communes et groupements de communes a été très mal reçue par les maires. Comme, par ailleurs, Emmanuel Macron a dès le début de son mandat annoncé une réduction des dotations budgétaires aux collectivités locales, dans le prolongement de ce qu'avait déjà fait François Hollande, les relations entre le président et les élus locaux se sont fortement détériorées.

Il a fallu attendre le grand débat national et les sessions avec les maires animées par Emmanuel Macron en personne pour que le dialogue se renoue.

b. La loi de finances pour 2018

La loi de finances pour 2018, votée en décembre 2017, a donc instauré un nouveau dégrèvement de la taxe d'habitation de la résidence principale à compter des impositions établies au titre de 2018 (article 1414 C du CGI). Il s'ajoute aux exonérations et dégrèvements existants.

Le dégrèvement est progressif : 30 % en 2018 et 65 % en 2019. En 2020, la taxe d'habitation sera dégrevée à 100 % sur la base des taux et des abattements de 2017. Cela signifie donc qu'un foyer rentrant dans le champ d'application du dégrèvement de 30 % verra peut-être sa taxe d'habitation baisser de moins de 30 %, si la commune ou le groupement de communes a augmenté le taux d'imposition. L'idée est de responsabiliser politiquement les communes et de leur faire assumer les augmentations de taux qu'elles décideraient. En l'absence d'un tel dispositif elles auraient pu augmenter les taux sans que cela ne coûte rien aux contribuables et creuser ainsi le déficit budgétaire de l'État.

Le dégrèvement est réservé aux foyers dont le revenu fiscal de référence (celui-ci prend en compte tous les revenus y compris ceux qui sont partiellement ou totalement exonérés) ne dépasse pas un certain montant.

Concrètement pour bénéficier en 2019 :

-soit d'un dégrèvement de 65 % ;
-soit d'un dégrèvement dégressif (lorsque le revenu fiscal dépasse légèrement les montants indiqués ci-dessous),

le revenu fiscal de référence (RFR) ne devra pas dépasser les seuils suivants :

Quotient familial	**Seuils RFR à ne pas dépasser pour bénéficier du dégrèvement de 65 %**	**Seuils RFR à ne pas dépasser pour bénéficier du dégrèvement dégressif**
1 part	27 432 €	27 432 € < RFR ≤ 28 448 €
1,5 part	35 560 €	35 560 € < RFR ≤ 37 084 €
2 parts	43 688 €	43 688 € < RFR ≤ 45 720 €
2,5 parts	49 784 €	49 784 € < RFR ≤ 51 816 €
3 parts	55 880 €	55 880 € < RFR ≤ 57 912 €
3,5 parts	61 976 €	61 976 € < RFR ≤ 64 008 €

Si la taxe d'habitation est établie au nom de plusieurs personnes appartenant à des foyers fiscaux distincts, il convient d'additionner les revenus fiscaux de référence concernés

Le dégrèvement sera calculé et accordé automatiquement aux contribuables éligibles.

Les résidences secondaires n'entrent pas dans le champ de cette réforme. La taxe d'habitation est donc conservée pour ces résidences.

Il faut noter que la redevance télévisuelle, qui est recouvrée en même temps que la taxe d'habitation n'est pas concernée par ces exonérations.

La partie de la loi de finances pour 2018 instituant ces exonérations de taxe d'habitation a fait l'objet de recours devant le Conseil constitutionnel. Les sénateurs et députés de l'opposition avaient estimé que cette réforme de la taxe d'habitation allait à l'encontre de deux principes constitutionnels, l'égalité devant les charges publiques et l'autonomie fiscale des collectivités.

Sur les deux points, le Conseil constitutionnel a statué que le texte de loi était conforme à la Constitution.

Sur le premier, les sénateurs et députés de l'opposition avaient fait valoir qu'une minorité de contribuables resteront imposables à la taxe d'habitation en 2020. Cela pourrait entraîner que, dans certaines communes, la taxe d'habitation ne soit plus acquittée que par un nombre très réduit de personnes. Cet argument a été rejeté par le Conseil constitutionnel. Toutefois, ce dernier s'est réservé le droit de revenir sur le sujet, dans le cadre d'une question prioritaire de constitutionnalité (QPC), « en fonction de la façon dont sera traitée la situation des contribuables restant assujettis à la taxe d'habitation dans le cadre d'une réforme annoncée de la fiscalité locale. »

Concernant l'autonomie fiscale des collectivités, la réforme ne la met pas en danger. Et si tel était le cas, rappelle le Conseil, le gouvernement disposerait de deux ans pour rectifier le tir et « arrêter les mesures appropriées pour rétablir le degré d'autonomie financière des communes au niveau imposé par le législateur ».

En conséquence, Emmanuel Macron a annoncé qu'il s'engageait dans une suppression de la taxe d'habitation pour l'ensemble des résidences principales de tous les foyers. Dans son discours de politique générale du 12 juin 2019, Édouard Philippe a précisé que la suppression de la taxe d'habitation pour l'ensemble des résidences principales serait votée en 2020 et étalée sur trois ans (2021 à 2023). Cela devrait coûter environ 7MM€. Le Premier ministre n'a pas précisé comment serait financé ce coût.

c. Par quoi remplacer la taxe d'habitation ?

Le Premier ministre, Édouard Philippe, a alors mandaté une mission « finances locales », présidée par Alain Richard et Dominique Bur afin de faire des propositions de réformes des finances locales.

Le rapport de la mission a été remis en mai 2018. Ce rapport indique :

« La TH représente 34 % des ressources fiscales du bloc communal (chiffre 2016). L'impact de sa suppression justifie un réexamen d'ensemble, une « refonte » selon les termes du Gouvernement, qui entend la faire reposer sur des relations partenariales renouvelées entre les collectivités et l'État.

Pour la mission, quatre objectifs d'intérêt général doivent inspirer la refonte de la fiscalité locale :
□ attribuer aux collectivités des ressources fiscales conformes à l'équité entre contribuables et évitant les distorsions économiques ;
□ rechercher une sécurité durable de leurs ressources respectant l'autonomie financière qui leur est garantie ;
□ veiller à la cohésion territoriale en prévenant les écarts cumulatifs de richesse ;
□ répartir la ressource entre niveaux de collectivités en cohérence avec leurs missions, pour simplifier et responsabiliser.

Ces objectifs sont à rechercher en respectant trois contraintes de gestion :
□ ne pas déséquilibrer le poids de cette fiscalité entre les ménages et les entreprises ;
□ ne pas imposer de charges administratives ou de coûts de perception disproportionnés ;
□ ne pas engager l'État et les collectivités dans une transition prolongée qui rendrait la réforme illisible.

La mission a conçu la réforme en se conformant à l'architecture stabilisée des institutions locales : le chef de l'État a dit exclure « *un nouveau big bang territorial* ». Le réalisme oblige à reconnaître quatre niveaux distincts de responsabilité financière sur lesquels peut s'opérer la réforme : communes, intercommunalités à fiscalité propre, départements et régions. Ils bénéficient respectivement, en 2018, de recettes totales de fonctionnement de l'ordre de 83, 30, 70 et 25 Md€.

Les réformes majeures à envisager :

La mission ne retient pas l'hypothèse d'une nouvelle imposition locale. Cette éventualité serait en effet contradictoire avec l'engagement pris récemment par le Président de la République de ne créer aucun impôt nouveau local ou national.

Pour compenser cette perte, le rapport propose deux scénarios :

- transfert au bloc communal de la part de la taxe foncière sur les propriétés bâties perçue par les départements. Ce transfert serait complété par une attribution d'impôt national ;
- attribution d'impôt national aux communes et aux EPCI pour compenser l'intégralité de la perte de recettes. »

Parmi les impôts nationaux évoqués figure la CSG dont une partie du produit pourrait être transféré au bloc communal, mais l'État devrait compenser la perte de recettes pour la Sécurité sociale.

Quoi qu'il en soit le transfert au bloc communal de la part de la taxe foncière sur les propriétés bâties nécessitera des ajustements, car les écarts peuvent être très élevés pour une commune donnée entre les recettes tirées de la taxe d'habitation qu'elle perdra et les recettes de la taxe foncière qu'elle recevra. Il faudra donc probablement mettre en place un mécanisme de compensation.

Les départements sont inquiets de perdre une recette fiscale qu'ils maitrisent au profit d'une part d'un impôt national maitrisé par l'État.

Le projet de loi de finances pour 2020, qui devrait être adopté fin 2019, mais dont le texte doit être examiné en conseil des ministres avant la fin septembre 2019, devrait normalement préciser comment sera financée la perte de recettes pour le bloc communal résultant de la suppression de la taxe d'habitation sur les résidences principales. Le transfert aux départements d'une partie de la TVA est évoqué.

CHAPITRE IX
FISCALITÉ ET ÉCOLOGIE : LE MARIAGE IMPOSSIBLE

Depuis les années 1990, l'écologie est devenue l'une des préoccupations majeures des citoyens, et donc des pouvoirs publics.

Tout naturellement, la fiscalité a été sollicitée au service d'une politique environnementale. La préservation de l'écologie est devenue un objectif de la politique fiscale.

La fiscalité environnementale a alors pour objectifs :

- de dissuader les activités polluantes en leur imposant des écotaxes,
- de taxer la consommation d'énergies carbonées,
- d'inciter à la réduction de la pollution automobile,
- de favoriser les activités « propres ».

En France la fiscalité environnementale monte en puissance de manière lente, mais régulière. Ainsi, selon Eurostat, les recettes fiscales environnementales ne représentaient que 2,1 % du PIB français en 2004, mais avaient atteint 2,31 % du PIB en 2017. La France occupe une position moyenne. La fiscalité environnementale y est moins importante qu'au Danemark, où elle ne représente que 3,72 % du PIB, mais nettement plus qu'en Allemagne où ce ratio ne s'élève qu'à 1,81 %. Nous sommes assez proches du Royaume-Uni (2,39 %) et de la Suède (2,16 %).

1. Les écotaxes sur les activités polluantes

La fiscalité écologique consiste tout d'abord à lever des impôts sur les pollueurs, afin de les dissuader de polluer et/ou afin de trouver des ressources finançant la politique de l'environnement. Ces impôts prennent le nom d'écotaxes.

Les écotaxes, appelées parfois « fiscalité verte », ont un impact indiscutablement favorable sur la réduction de la pollution comme cela a été constaté dans les pays scandinaves.

a. La TGAP

Dans cet esprit, une taxe générale sur les activités polluantes (TGAP) a été créée en 1999 sous le gouvernement Jospin.

La TGAP est due par les exploitants d'installations de stockage de déchets ménagers et assimilés et par les exploitants d'installations d'élimination de déchets industriels spéciaux. La taxe est assise sur le poids des déchets reçus et son taux varie en fonction de leur nature.

b. Le projet d'écotaxe poids lourds

Votée à la quasi-unanimité par le Parlement en 2009, suite au Grenelle de l'environnement. La taxe poids lourds, officiellement « taxe nationale sur les véhicules de transport de marchandises », parfois appelée aussi écotaxe poids lourds, devait s'appliquer fin 2011. Face aux risques de mécontentements que pourrait engendrer une telle taxe, Nicolas Sarkozy reporta d'un an cette date, à fin 2012. Le gouvernement de François Hollande la reporta ensuite au 1er juillet 2013 puis, une nouvelle fois, au 1er janvier 2014.

Il s'agissait de la version française de la redevance poids lourds liée aux prestations applicables en France, dont l'objectif est de diminuer les transports routiers jugés polluants et énergivores et de financer le développement des transports fluviaux ou ferroviaires.

Cette taxe devait s'appliquer aux véhicules de transport de marchandises de plus de 3,5 tonnes circulant en France sur certaines routes nationales et départementales. Elle visait à faire payer l'usage de ces routes par leurs utilisateurs en leur faisant supporter les coûts réels du transport routier de marchandises (dégradation de la voirie, financement des infrastructures routières), alors que ce coût était jusque-là intégralement supporté par les impôts acquittés par tous les citoyens.

La taxe s'appliquait aux véhicules de transport de marchandises qui empruntent le réseau taxable, indépendamment du contenu transporté par ces véhicules. Ces véhicules de transport de marchandises étaient définis par le décret n° 2013-618 du 11 juillet 2013 « relatif à la définition des véhicules assujettis à la taxe sur les véhicules de transport de marchandises ».

Ce dispositif, issu de la directive européenne « Eurovignette », est déjà en vigueur en Allemagne, en Slovénie, en Autriche et en République tchèque. Il permet d'harmoniser les règles de financement des infrastructures au niveau européen et a pour effet d'inciter les transporteurs à rationaliser leurs déplacements et à limiter les transports à vide. En France, les sommes collectées auraient dû être affectées aux collectivités territoriales gestionnaires ainsi qu'à l'agence de financement des infrastructures de transport de France (AFITF) qui a pour but d'améliorer les infrastructures de transport et de soutenir des projets de développement du transport ferroviaire et fluvial.

Le montant de la taxe variait de 8,8 à 15,4 centimes d'euros par kilomètre parcouru (taxe variable selon la taille, le poids et le niveau de pollution du camion) pour 2014 et devait rapporter 1,2 milliard d'euros par an à l'AFITF.

La collecte de l'écotaxe était prévue via des portiques enjambant les routes concernées sous lesquels les poids lourds devaient passer. Ces portiques enregistraient les passages et les identités des poids lourds. Ils étaient loués par l'État auprès de la société Ecomouv.

c. La révolte des « bonnets rouges » de 2013

L'annonce de l'instauration de l'Ecotaxe souleva l'opposition d'une partie des agriculteurs et des routiers. Cette contestation déboucha sur la dégradation, voire la destruction de certains portails, et sur des affrontements parfois violents, notamment en Bretagne.

Le 2 août 2013 un portique de collecte écotaxe fut détruit par des manifestants bretons à Guiclan (Finistère). En octobre l'écotaxe cristallisa la colère des agriculteurs qui manifestèrent dans tout le pays. Le 26 octobre on assista à de violents affrontements lors d'une manifestation contre le dernier portique écotaxe du Finistère, à Pont-de-Buis entre forces de l'ordre et manifestants bretons coiffés de bonnets rouges - symboles de la révolution antifiscale de Bretagne en 1675.

La Bretagne était particulièrement concernée, car il n'y a pas d'autoroutes en Bretagne et ce en application du traité de rattachement de la Bretagne à la France de 1532 prévoyant que la Bretagne conserverait ses privilèges fiscaux. C'est pour cette raison qu'il n'y a pas d'autoroutes à péages en Bretagne et c'est ces privilèges fiscaux qu'invoquaient les bonnets rouges.

Le 29 octobre le Premier ministre, Jean-Marc Ayrault, annonçait la suspension de l'écotaxe. Mais les bonnets rouges seront encore 15.000 à 30.000 à manifester à Quimper le 2 novembre. Repoussée à janvier 2015, l'entrée en vigueur de l'écotaxe a finalement été suspendue par la ministre de l'Écologie, Ségolène Royal, le 9 octobre 2014.

La résiliation du contrat avec la société Ecomouv a coûté à l'État 777 M€, selon la Cour des comptes.

L'histoire de l'écotaxe aura été un échec environnemental, fiscal et politique. Il faut dire que l'instauration de l'écotaxe intervenait à un moment où le gouvernement de François Hollande avait fait voter toute une série d'augmentations d'impôts qui avait débouché sur un ras-le-bol fiscal.

Par ailleurs, indiscutablement le gouvernement socialiste avait sous-estimé l'allergie des Français à la fiscalité écologique. Nicolas Sarkozy l'avait bien pressenti, lui qui avait fait voter la taxe pour ensuite en reporter la date d'application après l'expiration de son quinquennat.

L'écologie ne doit pas être punitive devait déclarer Ségolène Royal.

On notera que l'introduction d'une nouvelle taxe sur les billets d'avion annoncée pour 2020 (première taxe créée depuis le mouvement des gilets jaunes) annonce peut-être le retour d'une écotaxe.

2. La taxe intérieure de consommation sur les produits énergétiques (TICPE)

La taxe intérieure de consommation sur les produits énergétiques (TICPE qui a remplacé la TIPP) constitue le principal outil de la politique fiscale en faveur du développement durable.

Affectée au budget de l'État et à ceux des régions, elle a rapporté 29,3 MM€ de recettes totales en 2017 et frappe l'ensemble des produits pétroliers et des carburants.

La TICPE constitue un droit d'accise, comme les taxes sur l'alcool et le tabac.

Comme en matière de TVA, l'assiette des droits d'accises a été harmonisée au niveau communautaire (en 1992). De plus, des taux minima ont été fixés au niveau communautaire, sans créer de difficultés pour la France dont les taux étaient déjà supérieurs à ces minima.

Le bilan de l'harmonisation communautaire est cependant mitigé, car d'importantes disparités subsistent entre les États membres. S'agissant du pétrole, les prix TTC des carburants automobiles à la pompe varient dans un rapport de 1 à 2,5 au sein de l'Union, alors que les prix hors taxes sont similaires.

a. La taxe carbone

La taxe carbone (ou *Contribution Climat-Énergie*) a été mise en place en France par le gouvernement de Jean-Marc Ayrault avec effet au 1er avril 2014, après deux tentatives législatives infructueuses en 2000 et 2010. Elle est le plus souvent dénommée *composante carbone*, car ce n'est pas une taxe spécifique, mais une composante des taxes intérieures de consommation (TICPE) sur les combustibles fossiles, proportionnelle à leur contenu carbone.

C'est une écotaxe pigouvienne, du nom de l'économiste libéral britannique Arthur Cecil Pigou, qui proposa d'internaliser les *déséconomies externes*, c'est-à-dire les dommages engendrés par l'activité d'un agent qui en rejette le coût sur la société. Taxant les émissions de dioxyde de carbone diffuses elle doit notamment contribuer à l'atteinte des objectifs de la stratégie nationale bas carbone établis en 2015 pour contribuer à l'atténuation du changement climatique et au respect des engagements de la France dans le cadre de la COP21.

D'un montant initial de 7 €/t de CO_2, elle est passée, comme prévu à l'origine, à 14,50 € en 2015 et 22 € en 2016. Sa trajectoire d'évolution a été ensuite programmée par la loi relative à la transition énergétique du 17 août 2015 défendue par Ségolène Royal, alors ministre de l'Écologie de François Hollande pour atteindre 56 € en 2020, puis 100 € en 2030. Ses hausses annuelles doivent cependant être entérinées chaque année dans le cadre de la loi de finances.

Durant la campagne présidentielle de 2017 Emmanuel Macron avait annoncé une accélération de la trajectoire de la taxe carbone afin d'atteindre plus rapidement les objectifs de décarbonisation de l'économie française.

Dans la présentation du plan climat le 7 juillet 2017, Nicolas Hulot, ministre de la transition écologique et solidaire d'Emmanuel Macron, estimait qu'une composante carbone à 100 €/t CO_2 à l'horizon 2030 « est insuffisante pour placer le monde sur la trajectoire des 2 °C » et s'engageait « à inscrire de manière lisible et durable une augmentation accélérée du prix du carbone qui sera fixée pour les 5 années dans la loi de finances ». Puis dans le courant du mois de juillet 2017, le ministre de l'Économie et des Finances Bruno Le Maire précisait la trajectoire qui serait inscrite au projet de loi de finances 2018 : 44,6 € en 2018 et 86,2 € en 2022.

Ses recettes se sont élevées à 9,1MM€ en 2018.

Mais, alors que le prix du baril de pétrole avait baissé en 2014/2015, facilitant ainsi l'introduction de la taxe carbone qui était passée quasi inaperçue, le cours du baril remonta drastiquement fin 2018, faisant exploser les prix de l'essence et du fuel.

Il faut ajouter que la TVA amplifie les mouvements de hausse ; la TVA est en effet assise sur le prix de l'essence, TICPE incluse. Ainsi fin 2018, on assiste à la double hausse de la taxe carbone et du prix du baril de pétrole, double hausse amplifiée par la TVA. C'est l'origine du mouvement des gilets jaunes.

Entretemps Nicolas Hulot avait démissionné du gouvernement de sorte qu'il n'eut pas à assumer les conséquences politiques de son action.

Edouard Philippe annonça d'abord un moratoire sur la hausse de la taxe carbone. Le 10 décembre, Emmanuel Macron déclarait, dans le cadre du plan de 10MM€ pour les gilets jaunes, qu'il mettait un coup d'arrêt à trajectoire de la hausse de la taxe carbone.

Emmanuel Macron a donc dû renoncer à utiliser le principal outil pour décarboniser la France : la hausse de la taxe carbone.

On lui reprocha, notamment Ségolène Royal et Nicolas Hulot, à la fois d'avoir surtaxé les Français et de ne pas avoir de politique écologique. Or ce sont eux qui ont accéléré la hausse de la taxe carbone, Ségolène Royal en 2015 et Nicolas Hulot en 2017, mais ils ont été assez habiles politiquement pour ne pas avoir à subir le contrecoup de leurs actes.

En fait l'erreur a été d'utiliser le produit de la taxe carbone à des fins budgétaires. Son produit aurait dû être fléché au financement de politiques environnementales (transports propres, isolation de logements) ou au financement d'aides aux ménages les plus modestes. Mais normalement le fléchage budgétaire n'est pas accepté par le droit budgétaire.

Il faut reconnaître cependant qu'une aide aux ménages les plus modestes pour se chauffer existe et avait d'ailleurs vu son montant augmenter par Emmanuel Macron en 2018. C'est le chèque énergie qui est un moyen de paiement émis par l'État pour aider les ménages modestes à payer leurs factures d'énergie. Cette aide concerne aussi bien les factures d'électricité (EDF, etc.) que celles de gaz (Engie, etc.), de bois, de fioul, etc. Le chèque énergie peut également être utilisé pour financer une partie des travaux d'économie d'énergie dans le logement. Prévu par la loi de transition énergétique de 2015, le chèque énergie a été généralisé partout en France depuis le 1er janvier 2018. Ce titre remplace les tarifs sociaux de l'énergie auparavant applicables, à savoir le tarif de première nécessité (électricité) et le tarif spécial de solidarité (gaz naturel). Son montant a été réévalué à l'occasion de l'annonce par Emmanuel Macron le 10 décembre 2018 des mesures gilets jaunes.

b. La taxe carbone aux frontières

« La transition vers une économie à faibles émissions de carbone doit être soutenue par des réformes du marché financier pour diriger les investissements vers des technologies propres », a déclaré Emmanuel Macron lors d'une conférence de la Commission européenne sur la finance durable à Bruxelles en mars 2018.

Avec son système d'échange de quotas d'émission, l'Europe a créé le plus grand marché du carbone au monde, mais le prix des quotas de CO_2 est actuellement trop bas pour réellement inciter les investisseurs à se tourner vers les technologies propres.

La France a rempli sa part du marché en établissant un prix minimum pour le carbone à 44 € la tonne sur son territoire en 2018. « Ce n'est toujours pas suffisant », a cependant déclaré le président français, appelant à une action européenne plus déterminée.

« C'est pourquoi au niveau européen, nous avons besoin d'un prix plancher européen du carbone », a souligné Emmanuel Macron, expliquant qu'il s'agit là « du seul moyen » d'atteindre l'objectif à long terme de l'Europe de devenir neutre en carbone. « Je sais que ça n'est pas facile. Partout, nous ferons face à des résistances... Ce sera aussi le seul moyen de créer de nouvelles opportunités en termes économiques, car nous accélérons l'investissement dans d'autres secteurs créateurs d'emplois, qui permettront l'émergence d'une énergie non seulement plus décarbonée, mais plus décentralisée et plus intensive en emplois directs. »

« Ce qui veut dire que nous devons aussi mettre en place une taxation aux frontières lorsque nous aurons des acteurs qui décident de ne pas suivre les mêmes choix environnementaux », a-t-il déclaré, sans explicitement mentionner les États-Unis qui ont annoncé leur retrait de l'accord de Paris l'année dernière.

La taxe CO_2 aux frontières est une idée française de longue date qui a été reprise par la Commission européenne.

Mais l'Allemagne est réticente craignant qu'elle ne déclenche une guerre commerciale néfaste pour son économie qui dépend beaucoup des exportations, notamment des exportations d'automobiles vers les États-Unis.

3. L'incitation à la réduction de la pollution automobile

La fiscalité peut aussi contribuer à réduire la pollution automobile.

Elle pénalise ainsi les transports routiers en imposant une taxe à l'essieu sur les camions.

Elle peut aussi être incitative.

Ainsi dans la plupart des régions les véhicules électriques sont exonérés de cartes grises.

Le gouvernement Villepin a aussi aménagé le mode de calcul de la taxe sur les véhicules de sociétés (la TVTS) en instituant un nouveau barème qui privilégie les véhicules non polluants. De plus, les véhicules électriques sont exonérés de TVTS.

4. Favoriser les activités propres

La fiscalité peut être incitative au développement des activités propres en créant des aides fiscales aux entreprises : ainsi les entreprises françaises bénéficient de l'amortissement dégressif de leurs installations destinées à l'épuration des eaux et à l'assainissement de l'atmosphère.

Elles peuvent par ailleurs bénéficier d'un amortissement exceptionnel sur 12 mois de leurs constructions anti-pollution (immeubles destinés à l'épuration des eaux industrielles, à la lutte contre les pollutions atmosphériques et les odeurs), ainsi que des matériels destinés à lutter contre le bruit ou des véhicules non polluants fonctionnant au moyen de l'énergie électrique, du gaz naturel véhicules (GNV) ou du gaz de pétrole liquéfié (GPL).
Quant aux ménages, ils peuvent bénéficier d'un crédit d'impôt transition énergétique (CITE) pour dépenses d'équipements de l'habitation principale en faveur des économies d'énergies. Il est imputable sur l'impôt sur le revenu, le coût budgétaire de ce crédit s'est élevé à 1,9 MM€ en 2018.

Le taux du crédit d'impôt correspond à :
-15 % du montant des dépenses engagées pour l'acquisition de matériaux d'isolation thermique des parois vitrées.
-30 % du montant des dépenses engagées pour l'acquisition d'autres équipements.
-50 % du coût de la main d'œuvre pour la dépose d'une cuve à fioul pour les ménages sous conditions de ressources.

Le montant des dépenses ouvrant droit au crédit d'impôt est plafonné à 8.000 € pour une personne seule (célibataire, veuve ou divorcée), et à 16.000 € pour un couple soumis à une imposition commune. Cette somme est majorée de 400 € par personne à charge supplémentaire sur une période de 5 ans.

CHAPITRE X
LA TVA LE MEILLEUR IMPOT ?

La TVA est une manifestation du génie français.

Elle fut en effet créée en France en 1954, année de création du rock aux États-Unis. Mais si les historiens sont partagés sur l'identité de l'inventeur du rock, Bill Halley ou Elvis Presley, ils attribuent tous l'invention de la TVA au directeur général des impôts de l'époque, Maurice Lauré.

La TVA est une taxe sur la consommation, comme la « sale tax » américaine, mais elle s'en différencie par son mode de calcul. En effet l'entreprise ajoute la TVA au prix de vente de son produit, comme le fait l'entreprise américaine avec la sale tax, mais il ne verse au Trésor que la différence entre la TVA que lui paie son client et la TVA qu'il a supportée sur ses achats. C'est pour cela qu'on l'appelle taxe sur la valeur ajoutée car ne taxant que la différence entre les ventes et les achats qui constitue justement la valeur ajoutée.

De ce fait, la TVA est neutre vis-à-vis des circuits de distribution. En effet, dans le cadre d'une chaine de distribution comprenant un producteur qui vend à un grossiste qui revend à un détaillant qui vend aux clients finaux, la sale tax est perçue trois fois et taxe les trois ventes, ce qui se traduit par une imposition finale extrêmement lourde. En réalité, la législation américaine prévoit souvent des exonérations de sales tax pour éviter des distorsions de circuits de distribution. En revanche, si la TVA est elle-aussi perçue trois fois, à chaque niveau elle ne frappa que le supplément de valeur ajoutée. Le producteur versera au Trésor la TVA qu'il aura facturée au grossiste, le grossiste ne versera au Trésor que la différence entre la TVA qu'il aura facturée au détaillant et la TVA qu'il aura acquittée au producteur et le détaillant ne versera au Trésor que la différence entre la TVA qu'il aura facturée au client final et celle qu'il aura acquittée au grossiste.

Cette neutralité est un principe fondamental de la TVA.
La TVA présente aussi deux autres caractéristiques économiques importantes.

Tout d'abord, comme il s'agit d'un impôt sur la consommation, elle exonère les exportations, car les produits exportés ne seront pas consommés sur le territoire national. En revanche, elle taxe les importations, car les produits importés seront consommés sur le territoire national. La TVA est donc favorable au commerce extérieur. C'est pour cette raison que les États-Unis, dans le cadre des négociations sur la libéralisation du commerce international dans le cadre du GATT, l'actuel OMC, durant les années 1960 et 1970, ont accusé la Communauté européenne de recourir à un instrument protectionniste.

C'est aussi pour cette raison que, pour rétablir leur compétitivité les États de la zone euro ont augmenté leurs taux de TVA, l'Allemagne en 2007, l'Espagne, le Portugal et la Grèce lors de la crise de la zone euro des années 2011 à 2014.

Ensuite la TVA est favorable à l'investissement, car la TVA sur les achats d'investissements (biens d'équipements, machines-outils) est immédiatement déductible de la TVA sur les ventes, comme elle l'est pour la TVA sur les achats des autres produits. En revanche, comptablement, et pour les besoins du calcul du bénéfice imposable à l'impôt sur les sociétés, l'investissement ne constitue une charge déductible qu'au rythme de l'amortissement annuel, alors que la TVA est immédiatement déductible.

Enfin, comme le montant de la TVA est inclus dans le prix de vente des produits, il s'agit d'un impôt indolore pour le consommateur, et ce d'autant plus que les prix affichés dans les magasins sont des prix TTC. Cela n'est pas le cas aux États-Unis ou au Canada où les prix affichés sont HT. Le consommateur prend alors conscience qu'il acquitte une taxe lorsqu'il vient payer à la caisse.

Toutes ces vertus font que la TVA constitue pour la plupart des pays la première recette fiscale. C'est le cas de la France où la TVA a représenté 162,7MM€ de recettes en 2017, premier impôt devant la CSG, l'impôt sur le revenu et l'impôt sur les sociétés.

Introduite en France en 1954 au niveau de la production et du commerce de gros, la TVA a été généralisée à toute l'économie, et donc au commerce de détail, en 1968.

Elle a été étendue aux Etats de la Communauté européenne, ce qui fait que l'adhésion d'un pays à l'Union européenne se traduit par l'obligation pour lui d'introduire la TVA.

De ce fait, l'assiette de la TVA a été harmonisée au niveau communautaire, via une directive en 1979, directive revue en 2006.

De plus, une partie de la TVA recouvrée par les États membres est reversée au budget de l'Union européenne.

Aujourd'hui les États membres ont donc perdu quasiment toute souveraineté pour fixer l'assiette de la TVA. Ils doivent appliquer la directive de 2006, sous le contrôle de la CJUE. Les Parlements nationaux et les administrations fiscales nationales se doivent d'appliquer ces règles communautaires.

Les États membres conservent, en revanche, une certaine liberté dans la fixation des taux de TVA, mais le droit de l'Union européenne les encadre :

-les États membres ne peuvent avoir qu'un taux normal de TVA, compris entre 15 et 25 %,
-ils peuvent avoir aussi un ou deux taux réduits, compris entre 5 et 15 %. Mais la liste des produits pouvant faire l'objet d'un taux réduit est limitativement énumérée dans une annexe de la directive.

Des pays non membres de l'Union européenne ont adopté la TVA, comme la Suisse, ou un impôt proche de la TVA, comme le Canada.

1. Le poids de la TVA en France

Ces dernières années les différents pays européens ont augmenté leurs taux de TVA, ce qui n'est pas le cas de la France.

En France le taux normal de TVA a été augmenté en 1995 par le gouvernement Juppé de 18,6 à 20,6 %. Il a ensuite été abaissé par le gouvernement Jospin en 2000 de 20,6 % à 19,6 %, puis réaugmenté par François Hollande à 20 % en 2015.

Avec un taux normal de 20 %, la France a un taux d'imposition inférieur à ses principaux partenaires européens, à l'exception de l'Allemagne. Le taux normal de TVA est ainsi de 25 % au Danemark et en Suède, 22 % en Italie, 21 % en Espagne, 20 % en France et au Royaume-Uni et 19 % en Allemagne.

Pour autant la TVA représente un poids important dans notre PIB, par rapport à ce qui se passe dans les autres États membres ; 7,1 % du PIB en

2017 en France contre 9,2 % en Suède, mais 6,9 % en Allemagne, 6,8 % au Royaume-Uni et 6,5 % en Espagne.
Cette différence de classement entre niveaux de taux normal et poids dans le PIB s'explique notamment par le fait qu'en France la consommation représente une part plus importante du PIB que chez nos voisins.

2. La TVA est-elle réellement un impôt sur les ménages ?

Juridiquement la TVA est un impôt sur les ménages :

-elle est facturée aux clients et doit apparaître distinctement sur la facture,
-l'entreprise qui achète des produits récupère la TVA sur ses achats en la déduisant de la TVA sur ses ventes. Si la TVA sur ses achats est supérieure au montant de la TVA sur ses ventes, elle obtient du Trésor le remboursement de la différence, alors que, lorsque le client est une personne physique, la TVA constitue pour elle une charge définitive.

Comme elle est frappe la consommation selon un taux proportionnel, la TVA est perçue comme un impôt régressif et non pas progressif en fonction du revenu, et ce d'autant plus que la part du revenu consommé est plus forte chez les foyers qui ont des revenus faibles que chez les foyers qui ont des revenus élevés, foyers qui consacrent une part de leurs revenus à l'épargne.

C'est pour cette raison que les États peuvent avoir des taux réduits, pour des produits ou services figurant sur une liste limitative annexée à la directive.

La France dispose ainsi d'un taux super-réduit de 2,1 % pour les médicaments remboursés par la sécurité sociale et pour la presse écrite. Ce taux est inférieur au minimum européen de 5 %, car il existait avant l'adoption de la directive de 1979 et bénéficie ainsi de la clause dite de gel. C'est aussi à ce titre que le Royaume-Uni a pu conserver son taux zéro pour les produits de première nécessité.

Elle dispose, par ailleurs, de deux taux réduits conformément au droit européen :

-un taux de 5,5 % applicable aux produits alimentaires, aux livres écrits et aux travaux d'amélioration énergétique dans les logements d'habitation,
-un taux de 10 % pour les transports de personnes et la restauration.

Parmi les revendications des gilets jaunes figuraient la suppression de la TVA sur les produits de première nécessité. Cela concernait principalement les produits alimentaires.
Mais une baisse de ce taux en dessous de la limite de 5 % nécessiterait une modification de la directive TVA de 2006 et donc l'obtention d'un vote à l'unanimité des 27 Etats membres, les décisions en matière fiscale relevant de l'unanimité.

Obtenir l'unanimité est par définition très difficile ; on rappellera que la France a mis sept ans pour obtenir une décision unanime permettant d'inclure la restauration dans la liste des produits et services pouvant bénéficier d'un taux réduit.

De plus, il est certain que jamais l'Union européenne n'accepterait un taux zéro. Cela n'a été donné au Royaume-Uni qu'au titre de la clause de gel pour les situations antérieures à l'entrée dans l'Union européenne. Aller au-delà serait ouvrir une brèche très dangereuse dans l'édifice de la TVA communautaire.

Par ailleurs, une baisse des taux de TVA ne profite pas qu'aux consommateurs. Ainsi on estime que la baisse du taux de TVA sur la restauration en 2009 n'a été répercutée sur les consommateurs qu'à hauteur de 45 %, les restaurateurs ayant conservé 55 % de cette baisse pour restaurer leurs marges.

De même, lorsque l'on augmente la TVA, les entreprises ne peuvent pas répercuter la totalité de la hausse et doivent réduire leurs marges.

En conclusion, si juridiquement la TVA est un impôt sur les ménages, économiquement elle pèse autant sur les entreprises que sur les ménages.

3. La hausse de la TVA et la dévaluation fiscale

Dans la zone euro, les États membres ne disposent plus de l'arme monétaire. Lorsque leur compétitivité se détériore, ils ne peuvent donc pas dévaluer leur monnaie, contrairement à ce qui se passait avant 1999.

Lorsque l'augmentation des coûts salariaux d'un État, diminué de celle de la productivité, est plus rapide que celle de ses partenaires de la zone euro, sa situation économique se détériore et son chômage augmente. Le rétablissement de la compétitivité passe alors par une baisse des coûts salariaux, c'est-à-dire des salaires eux-mêmes et/ou des charges sociales pesant sur les salaires. C'est ce que la Troïka (Commission européenne, BCE, FMI) a imposé aux États touchés par la crise de la zone euro : la Grèce, mais aussi l'Espagne, le Portugal et l'Irlande. La France sous François Hollande a, quant à elle, réduit spontanément ses coûts salariaux via le CICE et les baisses de charges.

Mais le rétablissement de la compétitivité peut passer aussi par une hausse des taux de TVA. Cette hausse freine en effet les importations en les taxant et diminue la consommation et donc la demande de produits importés, et ce sans pénaliser les exportations qui sont exonérées de TVA. On appelle cela une dévaluation fiscale.

L'Allemagne l'a utilisée en 2007, la Grèce, l'Espagne et le Portugal ont dû le faire pendant la crise de la zone euro à la demande de la Troïka.

La France en l'a pas fait. François Hollande n'a augmenté le taux normal de TVA que marginalement, de 19,6 % à 20 %, préférant augmenter l'impôt sur le revenu. Sur ce point la France s'est démarquée des autres États européens. La hausse de l'impôt sur le revenu est plus juste socialement, mais elle ne produit pas les mêmes effets économiques : elle ne réduit pas les importations et dissuade les investissements en surtaxant les dividendes.

De même, Emmanuel Macron a financé la suppression des cotisations sociales salariales maladie et chômage en relevant non pas la TVA, mais comme Jospin la CSG.

Jospin, Hollande et Macron n'ont pas utilisé l'outil TVA, car cet impôt est perçu comme injuste socialement puisque frappant de manière quasi uniforme tous les ménages.

À l'inverse, la droite et les libéraux privilégient la TVA parce qu'ils sont moins sensibles à la dimension sociale et parce qu'ils insistent sur son effet favorable sur le commerce extérieur et sur la compétitivité. Nicolas Sarkozy avait fait voter une augmentation de la TVA début 2012 pour financer une baisse des charges sociales patronales ; François Hollande annula immédiatement cette hausse et procéda à une baisse plus ambitieuse des coûts salariaux des entreprises, mais financée par la hausse de l'impôt sur le revenu et de l'impôt sur les sociétés ainsi que par des économies budgétaires.

Durant la campagne présidentielle de 2017, François Fillon avait proposé une hausse du taux normal de la TVA de deux points.

CHAPITRE XI
LA LUTTE CONTRE LA FRAUDE ET L'ÉVASION FISCALE

Le mouvement des gilets jaunes s'explique principalement par une révolte contre le poids excessif de la fiscalité, mais aussi par un sentiment de profonde injustice fiscale.

Injustice fiscale parce que les « riches » ne paieraient pas assez d'impôts.

On peut discuter de ce point, mais on a vu que la France est le pays de l'OCDE qui impose le plus des successions, où l'imposition du revenu, IR et CSG, atteint des niveaux très élevés et qui était le seul jusqu'en 2017 à avoir un impôt sur la fortune. Les inégalités de revenus et de patrimoines se sont certes en France depuis une trentaine d'années, mais c'est le résultat de la mondialisation et augmenter encore notre fiscalité pénalisera les investissements et donc notre économie. On a vu ce qui s'est passé en 2012/2014 avec l'augmentation de la fiscalité sur les dividendes à laquelle s'est ajoutée la perspective de la taxe de 75 % et l'imposition des plus-values de cession d'entreprises au barème progressif.

Mais l'injustice fiscale c'est aussi le sentiment que les plus « riches » et les grandes entreprises ont les moyens de frauder, ce que ne peuvent pas faire les salariés, et qu'une véritable lutte contre la fraude fiscale dégagerait des ressources permettant à la fois de baisser la fiscalité sur les revenus bas et moyens et de réduire le déficit fiscal.

La lutte contre la fraude et l'évasion fiscale est donc apparue comme un des principaux thèmes du grand débat.

Mais en réalité, les moyens de lutter contre la fraude fiscale ont été considérablement accrus par Nicolas Sarkozy, puis par François Hollande et enfin Emmanuel Macron.

1. De la difficulté à chiffrer le montant de la fraude fiscale

Par définition, le montant de la fraude fiscale est très difficile à évaluer, puisqu'il s'agit de montants non déclarés et donc non connus.

Selon un rapport du syndicat des agents des impôts, Solidaires-Finances publiques, publié en septembre 2018, le montant total de la fraude fiscale s'élèverait à 100 milliards d'euros par an. Cette étude est réalisée tous les cinq ans et ce montant est supérieur de 20 milliards à celui relevé dans le dernier rapport en 2013. Un montant d'autant plus important qu'il ne prend pas en compte les fraudes aux cotisations sociales.

Oxfam, confédération d'associations qui agissent contre les injustices et la pauvreté, a quant à elle estimé le coût total à entre 60 et 80 milliards par an.

La Commission européenne a chiffré à 20 milliards le montant de la fraude rien que pour la TVA en France. Il faut dire que la suppression à compter du 1er janvier 1993 des contrôles douaniers aux frontières à l'intérieur de l'Union douanière, s'il a facilité les échanges entre les pays membres, a crée des risques de fraudes à la TVA, des biens pouvant passer d'un pays à l'autre sans que ne soient respectées les procédures en matière de TVA et circuler ainsi en contribuant à l'économie au noir. De même, les ventes par Internet et le développement des plates-formes numériques peuvent aboutir à ce que la TVA ne soit payée nulle part.

Le 25 avril 2019, Emmanuel Macron a demandé à la Cour des comptes d'effectuer un chiffrage de la fraude et de l'évasion fiscale et de proposer des mesures. Le rapport de la Cour devrait être remis en novembre 2019.

Deux grands types de méthodes peuvent être utilisées pour estimer le montant de la perte de recettes fiscales due à la fraude et à l'évasion fiscale.

Le premier consiste à l'estimer à partir des écarts entre des données statistiques et les recettes fiscales ou entre plusieurs statistiques. Par exemple, la fraude à la TVA est souvent estimée en rapprochant les recettes encaissées par l'État et les recettes théoriques résultant de l'application des taux de TVA à son assiette mesurée par les comptes nationaux (consommation et investissement en logement des ménages pour l'essentiel). Cette méthode part de l'hypothèse que les comptes nationaux reflètent la réalité micro-économique, mais cela revient à ignorer les nombreuses complexités de la législation fiscale qui éloignent l'assiette fiscale réelle de l'assiette macroéconomique théorique.

Ce type de méthodes conduit également à estimer les transferts illégaux de capitaux sur la base des écarts entre les flux de capitaux enregistrés entre deux pays dans leurs balances des paiements respectives, mais ces écarts peuvent résulter des multiples défauts de construction des balances des paiements, indépendamment de toute dissimulation par les ménages et entreprises.

Le deuxième type de méthode consiste à estimer la fraude à partir des résultats des contrôles fiscaux. Ceux-ci ne peuvent pas être simplement extrapolés à toute la population des contribuables, car ils ne sont pas programmés au hasard et il faut donc recourir à des méthodes statistiques permettant de corriger ce biais. L'hypothèse faite, très forte, est que les contrôles fiscaux permettent d'identifier très précisément le montant des impôts éludés.

Ces deux types de méthodes ne permettent cependant pas de distinguer la fraude au sens strict de l'évasion fiscale, de l'optimisation fiscale et des erreurs ou omission involontaires.

2. Fraude fiscale, abus de droit, évasion fiscale, optimisation fiscale et erreurs

La matière fiscale est difficile, car très technique. Elle constitue une branche du droit, le droit fiscal, répondant à des procédures extrêmement précises, relevant du domaine de la loi en application de l'article 34 de la Constitution, et encadrées par le juge.

L'administration fiscale a pour fonction de faire appliquer la loi. Pour ce faire, elle est dotée de moyens de contrôle des contribuables. Le contrôle fiscal a alors pour objectif de s'assurer que les contribuables acquittent bien l'impôt qu'ils doivent. C'est à ce titre que l'administration notifie des redressements lorsqu'elle estime que les contribuables n'ont pas respecté la législation fiscale. Mais, elle le fait sous le contrôle du juge. Le juge de l'impôt est le juge administratif (le Conseil d'État en dernier ressort), sauf pour les droits d'enregistrement (droits de mutation, droits de succession, ISF/IFI, pour lesquels le juge de l'impôt est le juge judiciaire (la Cour de cassation en dernier ressort).

Le droit fiscal étant tellement complexe, et la loi ne pouvant pas envisager tous les cas, l'administration est obligée de commenter la loi dans ses instructions et de préciser comment la loi doit être interprétée et appliquée. Elle a donc naturellement tendance à considérer que ses propres commentaires constituent du droit, alors qu'en réalité ses instructions ne sauraient créer du droit, en tout cas elles ne sauraient créer du droit défavorable aux contribuables. Pour cette raison le contrôle fiscal se prolonge souvent par du contentieux lorsque l'administration et le contribuable ont une lecture différente de la loi, et ce d'autant plus que la loi doit respecter la Constitution, le droit de l'Union européenne et les conventions fiscales.

En termes de procédures il convient de distinguer :

-la fraude fiscale, pénalement répréhensible. La fraude fiscale, au sens du droit pénal, suppose la réunion de deux éléments. Premièrement le contribuable doit avoir agi de manière illégale en ne déclarant pas des revenus qu'il aurait dû déclarer ou en établissant des fausses factures ou en réalisant des opérations sans factures. Deuxièmement, il doit l'avoir fait volontairement ; le caractère intentionnel est fondamental pour qu'il y ait infraction pénale. Dans ce cas, le contribuable s'expose non seulement à un redressement fiscal, mais aussi à une condamnation pénale. Cette double peine est cependant encadrée par le Conseil constitutionnel qui a statué qu'un contribuable dont le redressement fiscal a été annulé par le juge de l'impôt ne peut pas être condamné pénalement pour fraude fiscale. C'est du bon sens, mais malheureusement, au nom de l'indépendance des procédures, la Cour de cassation n'enjoint pas au juge pénal de surseoir à statuer tant que le contentieux fiscal n'est pas allé à son terme, de sorte que, comme la procédure pénale est plus rapide que la procédure fiscale, il arrive que des contribuables soient condamnés pénalement alors qu'ultérieurement le juge fiscal leur donne raison. Le Conseil constitutionnel a aussi statué que le total des deux sanctions financières, fiscale et pénale, ne peut pas être supérieur à la plus importante des deux sanctions.

-l'abus de droit. Dans cette hypothèse le contribuable agit en apparence de manière légale, mais bénéficie de manière indue d'un avantage fiscal via un montage artificiel qui ne respecte pas l'esprit de la loi. Il s'agit d'actes ayant un objectif purement fiscal. Dans cette hypothèse il encourt, en plus du redressement fiscal, une pénalité spécifique égale à 80 % du montant de l'impôt éludé, pénalité pouvant être ramenée dans certains cas à 40 %. L'abus de droit constitue un principe général du droit français, et la CJUE a confirmé que l'abus de droit fiscal constituait aussi un principe général du droit de l'Union européenne. Depuis la loi sur la fraude fiscale adoptée en octobre 2018 les redressements motivés sur l'abus de droit et mis en recouvrement font automatiquement l'objet d'une plainte pour fraude fiscale auprès du parquet, lorsque leur montant dépasse 100.000 €.

-l'évasion fiscale. Cela concerne les contribuables qui ont une activité internationale (grands groupes et/ou personnes fortunées) qui exercent des activités en France et à l'étranger et qui bénéficient des différences de législations fiscales entre la France et ces pays. Le cas typique est celui des prix de transfert. Les groupes doivent fixer les prix de cession de marchandises ou de services entre leurs différentes sociétés établies dans des États différents. Ils auront tendance à les fixer de sorte que les bénéfices soient, toutes choses égales par ailleurs, localisés dans les pays où la fiscalité est plus faible. Cela n'est pas critiquable en soi, à condition cependant que la localisation dans ces pays soit justifiée économiquement. Les actions BEPS de l'OCDE obligent les groupes à expliciter leur chaine de valeur afin de montrer dans quels pays se crée la valeur et de justifier que c'est bien dans les pays où se crée le plus de valeur qu'est localisé le plus de profit. Malheureusement les administrations fiscales sont souvent en désaccord entre elles et cherchent chacune à taxer le plus de bénéfice possible, et les entreprises se retrouvent alors en situation de double imposition. De plus, lorsqu'une part des bénéfices est localisée à l'étranger, cette part n'est, par définition, pas déclarée en France. L'administration fiscale française est alors parfois tentée de porter plainte au pénal.

On voit que la tendance depuis quelques années est à la pénalisation du droit fiscal. Contrairement à ce que l'opinion publique pense et à ce qui est ressorti du grand débat, la lutte contre la fraude et l'évasion fiscale s'est très fortement durcie ces derniers temps.

-l'optimisation fiscale. Il s'agit d'hypothèses où le contribuable en toute légalité bénéficie d'avantages fiscaux prévus par la loi. Le droit à l'optimisation fiscale est reconnu par le Conseil d'État qui a jugé que le contribuable n'est pas obligé de prendre la voie la plus coûteuse fiscalement. Mais l'administration a du mal à l'accepter. Le Parlement a voté fin 2018 la création d'un abus de droit à fin principalement fiscale, et non plus exclusivement fiscale comme dans l'abus de droit classique. Cette nouvelle procédure est source d'insécurité juridique et risque de remettre en cause la jurisprudence du Conseil d'État, l'administration fiscale ayant tendance à considérer que le contribuable doit payer le plus d'impôt possible, sauf si le Conseil constitutionnel censure ce texte, dans le cadre d'une QPC, comme il l'avait fait, mais avant la promulgation de la loi, lors d'une tentative précédente du Parlement d'instaurer un abus de droit à objectif principalement fiscal. Sauf à ce que le Conseil d'État considère qu'objectif principal signifie objectif exclusif, comme il l'a déjà fait quand il a été amené à comparer l'abus de droit tel qu'appliqué par la CJUE qui parle d'objectif principalement fiscal et l'abus de droit français qui parle d'objectif exclusivement fiscal.

-l'erreur ou omission involontaire. Comme indiqué ci-dessus, le droit fiscal est très complexe et il est facile de se tromper de bonne foi. Dans ce cas les redressements de l'administration fiscale sont justifiés, mais on est loin de la fraude ou de l'évasion fiscale. C'est pour cette raison qu'Emmanuel Macron a institué un droit à l'erreur qui permet d'éviter des pénalités lorsque l'on commet une erreur de bonne foi.

3. L'administration fiscale française a une culture de contrôle fiscal

Contrairement à des pays comme les Pays-Bas ou le Luxembourg, qui ont une culture de « rulings », c'est-à-dire d'octroi au cas par cas de régimes fiscaux attractifs aux entreprises, pratique qui est en train d'être abandonnée à la demande de l'Union européenne et de l'OCDE, ou comme le Royaume-Uni, qui a une culture de discussion avec les entreprises, l'administration fiscale française a une culture de contrôle fiscal. Les contribuables doivent, sous leur propre responsabilité établir leurs déclarations fiscales que l'administration viendra contrôler ensuite. Au Royaume-Uni, en revanche, les entreprises discutent de leur déclaration avec l'administration et, lorsqu'elles déposent leurs déclarations finalisées, elles ne s'exposent pas un redressement fiscal.

La priorité donnée par l'administration au contrôle fiscal sur l'assiette de l'impôt remonte à plusieurs années, notamment au début des années 1970, lorsque Valéry Giscard d'Estaing était ministre de l'Économie et des Finances. La priorité qu'il avait donnée au contrôle fiscal avait débouché sur le mouvement du CID-UNATI qui défendait les commerçants et les artisans qui s'estimaient maltraités par l'administration fiscale.

Ainsi les grands groupes sont en contrôle fiscal permanent, contrôle exercé par une structure spécifique, la direction des vérifications nationales et internationales (DVNI). Quant aux personnalités, elles relèvent de la direction nationale de vérification des situations fiscales (DNVSF).

4. L'affaire Woerth-Bettencourt

Afin de gérer les affaires les plus difficiles, il était placé au sein du cabinet du ministre du Budget une cellule fiscale, composée d'agents de l'administration fiscale, qui portait un second regard sur les dossiers de contrôle fiscal qui soit débouchaient sur des redressements de grande ampleur soit pouvaient mettre en péril une entreprise, et donc des emplois. Ce second regard était objectif et permettait de bien calibrer le contrôle fiscal.

Sous la présidence de Nicolas Sarkozy, le ministre du Budget, Eric Woerth, cumulait sa fonction avec celle de trésorier de l'UMP. Des soupçons apparurent, suite à des révélations de Mediapart en juin 2010 selon lesquelles Eric Woerth aurait empêché un contrôle fiscal de Madame Bettencourt en contrepartie de dons versés à l'UMP. De plus, Madame Florence Woerth, l'épouse du ministre, était salariée d'une des sociétés de Madame Bettencourt.

L'une des conséquences de cette affaire fut la dissolution de la cellule fiscale du cabinet du ministre du Budget. Cela n'a pas été une bonne décision, car depuis cette date l'administration fiscale ne rend plus de compte à une autorité qui lui soit supérieure sur les dossiers de contrôle fiscal. S'il y a eu probablement quelques rares affaires d'intervention politiques dans le contrôle fiscal, la quasi-totalité des dossiers évoqués par la cellule fiscale étaient des dossiers qui soit posaient des difficultés juridiques soit entrainaient des problèmes économiques.

Depuis cette époque le contrôle fiscal n'a plus de compte à rendre à personne, sauf bien sûr aux magistrats de la Cour des comptes qui, c'est leur fonction, ont une approche purement de rendement budgétaire du contrôle fiscal.

5. L'affaire Cahuzac

L'affaire Cahuzac a achevé de discréditer la classe politique dans le domaine fiscal.

Nommé ministre du Budget par François Hollande et Jean-Marc Ayrault, Jérôme Cahuzac était en effet en charge de mettre en musique la politique fiscale de François Hollande, qui consistait à augmenter l'impôt sur le revenu d'environ les deux tiers des Français, mais aussi de lutter contre la fraude et l'évasion fiscale.

À l'automne 2012 Mediapart révèle que Jérôme Cahuzac et son ex-épouse détenaient des comptes bancaires en Suisse non déclarés. Devant l'Assemblée nationale Jérôme Cahuzac nia pourtant détenir des comptes à l'étranger, puis au bout de quelques mois il finit par reconnaître l'évidence et par démissionner. Entretemps l'administration fiscale avait dû interroger son homologue suisse, mais les possibilités d'échange d'informations fiscales entre la France et la Suisse étaient limitées par la convention fiscale de l'époque entre les deux pays.

Les dirigeants de l'administration fiscale durent témoigner devant la commission d'enquête de l'Assemblée nationale, ce qui fut très mal vécu par l'administration.

Suite à cette affaire, François Hollande fit voter en décembre 2013 une loi contre la fraude fiscale qui créa notamment le parquet national financier (PNF) dont le champ de compétence recouvre trois types d'infractions : les atteintes à la probité (corruption, trafic d'influence, favoritisme, détournement de fonds publics), les atteintes aux finances publiques (fraude fiscale aggravée, blanchiment, escroquerie à la TVA) et les atteintes au bon fonctionnement des marchés financiers (délit d'initié, manipulation de cours ou d'indice, diffusion d'informations fausses ou trompeuses).

6. La circulaire Cazeneuve

La convention OCDE sur l'échange automatique d'informations sur les comptes bancaires des contribuables situés à l'étranger a déjà permis aux États qui l'ont signée de récupérer 95 milliards d'euros d'impôts depuis 2009, dont 10 milliards au profit de la France, notre pays a reçu en septembre 2018 des informations sur 5 millions de comptes bancaires à l'étranger et envoyé, après examen, 10.000 lettres à des contribuables récalcitrants.

La France avait anticipé cette lutte contre la pratique de comptes bancaires non déclarés (principalement en Suisse), Bernard Cazeneuve, le successeur de Jérôme Cahuzac au budget, avait mis au point un système de régularisation qui permettait aux titulaires de comptes à l'étranger non déclarés de rapatrier en France les sommes correspondantes, en payant les impôts correspondants (impôt sur le revenu et ISF), moyennant des pénalités réduites et en évitant la procédure pénale.

Environ 100.000 personnes se firent régulariser et cela rapporta au budget de l'État environ 2 milliards d'euros.

7. Les autres mesures contre la fraude et l'évasion fiscale

De 2011 à 2018, plusieurs lois furent votées pour lutter contre la fraude et l'évasion fiscale.

Ainsi la prescription, c'est-à-dire la période que l'administration peut contrôler, qui est normalement de trois ans, a été allongée à dix ans en cas d'activités occultes ou de détention d'avoirs financiers à l'étranger non déclarés.

De même, la coopération avec les administrations étrangères a été fortement améliorée, notamment dans le cadre de la lutte contre les paradis fiscaux menée par l'OCDE et l'Union européenne.

8. Le « verrou » de Bercy

En matière fiscale les plaintes pénales ne peuvent être déposées que par l'administration fiscale, c'est ce que l'on appelle le « verrou » de Bercy.

Ce verrou était très critiqué, car les juges soupçonnaient Bercy de préférer transiger avec les contribuables afin de faire rentrer de l'argent dans les caisses de l'État plutôt que de les poursuivre pénalement.

Face à la menace de voir sauter le « verrou » de Bercy et du fait du climat anti-fraude fiscale qui s'est développé à partir de la fin des années 2010, l'administration a eu tendance à poursuivre de plus en plus de contribuables au pénal.

Malgré cela, la loi d'octobre 2018 a fait sauter le verrou de Bercy en obligeant l'administration fiscale à transmettre automatiquement au parquet certains dossiers, comme ceux pour lesquels l'abus de droit est invoqué, lorsqu'ils ont été mis en recouvrement.

C'est un changement important et une victoire de la Chancellerie sur Bercy, mais en réalité l'administration fiscale reste en grande partie maître du jeu. En effet la situation qui déclenche automatiquement la plainte de l'administration fiscale s'apprécie au moment de la mise en recouvrement de l'impôt. Il suffit à l'administration de changer de motivation au moment de la mise en recouvrement ou d'abaisser la pénalité pour ne pas avoir à devoir porter automatiquement plainte. Le texte a donc donné un pouvoir de dissuasion à l'administration qui dispose d'un moyen de pression supplémentaire sur les contribuables. Si ces derniers veulent éviter d'aller au pénal, ils auront intérêt à accepter les redressements de l'administration.

9. La lutte contre la fraude à la TVA

Le projet de loi de finances pour 2020 devrait, par ailleurs, prévoir de nouvelles dispositions en matière de lutte contre la fraude à la TVA. Le ministre des comptes publics, Gérald Darmanin a en effet annoncé le 29 mai 2019 que la France allait transposer dès 2020 la directive européenne qui impose aux plates-formes comme Amazon ou Alibaba de collecter et de payer la TVA. La France veut aller plus loin dans la transposition de ce texte, en appliquant ces nouvelles règles à l'ensemble des achats et pas uniquement à ceux dont la valeur est inférieure à 150 euros, comme le recommande la directive.

Le gouvernement veut aussi supprimer le seuil de 22 euros en dessous duquel un bien importé est exonéré de TVA, et qui concerne aujourd'hui quelque 150 millions de colis chaque année au sein de l'UE. Les fraudeurs peuvent en effet étiqueter de manière abusive des biens de grande valeur, comme des tablettes ou des smartphones, les faisant ainsi échapper à la TVA.

On voit donc que, contrairement à ce que pensent de nombreux Français, la lutte contre la fraude et l'évasion fiscale a été considérablement renforcée depuis une dizaine d'années. L'arsenal français est d'ailleurs considéré comme l'un des plus élaborés de l'OCDE. Pascal Saint-Amans, directeur du centre de politique et d'administration fiscale de l'OCDE, en pointe dans la lutte contre la fraude et l'évasion fiscale des grands groupes, l'a dit lors d'une récente audition à l'Assemblée nationale. *« Au niveau mondial, la France est en pointe dans la lutte contre la fraude, elle y consacre des moyens, et c'est un sujet politiquement « porteur ». Il y a peu de pays dans lesquels le débat sur la fraude fiscale a une telle importance, au point de voir des manifestants écrire des slogans fiscaux sur les murs »*, a-t-il déclaré.

Les différentes lois votées depuis 2013 ont donné des pouvoirs supplémentaires à l'administration fiscale et débouché sur une augmentation des contentieux, car au final dans un État de droit comme le nôtre c'est toujours le juge qui tranche en dernier ressort, heureusement.

CHAPITRE XII
FISCALITÉ ET DÉMOCRATIE. DÉMOCRATIE PARTICIPATIVE VERSUS DÉMOCRATIE REPRÉSENTATIVE

La fiscalité est au cœur du pacte démocratique.

Le pouvoir de lever l'impôt est tout d'abord inhérent à la souveraineté d'un État. Le roi ou le seigneur levait l'impôt sur les populations dont il était le suzerain. C'est par définition quelque chose de brutal, puisque le souverain s'approprie une part de la production de la population. Il existait toutefois une contrepartie : le souverain protégeait la population des agressions extérieures. Le modèle de cet État ancien est l'Égypte antique. Le pharaon disposait d'une importante administration bureaucratique qui levait l'impôt sur les paysans du Nil. Pour cela, grâce à leurs connaissances mathématiques, les fonctionnaires du pharaon mesuraient les parcelles au bord du Nil. Ce fut le premier cadastre qui servait à lever l'impôt foncier.

Puis, avec l'arrivée de la féodalité, le roi dut se justifier auprès de ses vassaux les plus importants et obtenir de ces derniers le consentement à l'impôt.

Le consentement à l'impôt est historiquement à l'origine de la démocratie parlementaire, la date de naissance de cette dernière étant traditionnellement fixée au début du 13e siècle, lorsque le roi d'Angleterre, Jean sans terre, dut accepter de ne plus disposer seul du pouvoir de lever l'impôt et de consentir à respecter une charte conclue avec ses féodaux, la Magna carta. À partir de ce moment-là, le pouvoir exécutif anglais a eu besoin d'une autorisation des représentants des corps constitués (l'ancêtre du Parlement britannique actuel) pour pouvoir lever l'impôt.

Depuis cette époque, la démocratie parlementaire, dite aussi démocratie représentative, se définit par le consentement du peuple à l'impôt, via ses représentants.

L'indépendance des États-Unis a aussi démarré par une révolte fiscale, le fameux Boston tea party, contre les taxes sur les importations de thé que les colons américains devaient acquitter à la Grande-Bretagne.

De même, la Révolution française est elle aussi à l'origine une révolte fiscale animée par le sentiment des Français du tiers État que les impôts de l'Ancien régime étaient injustes et trop inégalement répartis.

Le développement en France de la République et de la démocratie a consisté à confier au Parlement, comme au Royaume-Uni, le pouvoir de voter l'impôt. La Constitution de la Vème République liste ainsi dans les pouvoirs du Parlement, à son article 34, le vote des « règles concernant…l'assiette, le taux et les modalités de recouvrement des impositions de toute nature. »

Historiquement démocratie et fiscalité sont donc étroitement liées.

Et cela est toujours le cas. Si la crise des gilets jaunes s'explique par un rejet d'une pression fiscale trop élevée, celle de la taxe carbone sur les carburants et le fuel et plus généralement, celle de l'ensemble des prélèvements obligatoires, elle s'explique aussi

-par un fort sentiment d'injustice de notre système fiscal,
-et par un rejet de notre classe politique qui n'est plus considérée comme représentative et donc plus légitime à voter l'impôt.

Le rétablissement du bon fonctionnement de notre système démocratique, et le maintien de la cohésion sociale de notre pays nécessitent donc que les Français deviennent moins allergiques à l'impôt et comprennent mieux notre système fiscal.

Pour ce faire, il est nécessaire qu'ils soient mieux informés et surtout plus associés aux grands choix de la politique fiscale.

1. L'acceptation de l'impôt

Chacune et chacun d'entre nous souhaite tout naturellement payer le moins d'impôt possible, et espère que ses propres impôts vont baisser dans le futur.

Mais l'expérience montre que, pour autant, une politique de baisse des impôts n'est pas toujours populaire, ni bien acceptée par l'opinion publique. Et cela, pour au moins deux raisons :

- une baisse des recettes fiscales nécessite normalement, à plus ou moins long terme, des baisses des dépenses publiques. Or les Français sont attachés à des services publics de qualité, et s'opposent régulièrement à la remise en cause des moyens qui leur sont affectés, comme nous l'avons vu lors de la crise des gilets jaunes. L'alternative pour les pouvoirs publics a alors souvent consisté à compenser ces baisses d'impôts par la hausse d'autres prélèvements, ce qui a annihilé les effets des premières baisses. Les Français anticipent ces différentes réactions lorsque le gouvernement leur annonce que les impôts vont baisser. Ils savent que, d'une manière ou d'une autre, il y aura une contrepartie à payer pour financer cette baisse ;

- une baisse des impositions sur les revenus les plus élevés, ou sur le patrimoine, est toujours perçue par les Français comme une mesure d'injustice sociale, à un moment où nombre d'entre eux sont au chômage, touchent le RSA ou éprouvent beaucoup de difficulté à boucler leur fin de mois. La suppression de l'ISF, ou plutôt son remplacement par l'IFI, et l'instauration de la « flat tax » pour les dividendes et plus-values de cession d'actions ont ainsi été mal comprises par la majorité des Français, voire rejetées par eux.

Par ailleurs, les indépendants, c'est-à-dire les professions libérales, les commerçants et artisans, ainsi que les agriculteurs, ont toujours eu en France une forte réaction allergique à l'égard de la fiscalité et de l'administration, comme en témoignent le mouvement poujadiste des années 1950, l'action du CID-UNATI des années 1970 et le mouvement des bonnets rouges en 2013. Nombre des gilets jaunes appartenaient à ces professions, même s'il y avait aussi parmi eux des fonctionnaires et des salariés du privé.

Pour être acceptée, la politique fiscale doit donc être à la fois comprise et juste.

2. Les relations des Français avec l'administration fiscale

Les Français veulent plus de justice fiscale et plus de lutte contre la fraude et l'évasion fiscale, mais entretiennent des relations ambigües avec leur administration fiscale. Ils ont avec l'administration fiscale la même relation qu'avec l'État ou avec les gendarmes. On veut moins d'États et moins de contrôles tatillons, mais lorsqu'il y a un problème, on se tourne vers l'État ou vers l'administration fiscale pour qu'elle rétablisse la justice.

La culture du contrôle fiscal de notre administration a créé parfois un rejet du contrôle fiscal.

Mais il faut reconnaître que l'administration fiscale a fait beaucoup d'efforts pour améliorer ses relations avec les contribuables.

Cela est particulièrement vrai concernant le contrôle des grandes entreprises. La formation des inspecteurs de la direction des vérifications nationales et internationales (DVNI) est de très bonne qualité, et cette direction a beaucoup amélioré sa politique de communication et de gestion du contrôle fiscal, même si sur le fond elle est devenue beaucoup plus dure, dans la foulée de la crise financière qui a fortement accru les moyens juridiques de la lutte contre la fraude et l'évasion fiscale, fraude et évasion dont l'administration a une vision extensive.

En revanche, le contrôle fiscal des PME et des professions indépendantes est toujours quelque chose de délicat, tout simplement parce que dans ce cas l'impôt à payer sort de la poche de la personne en cause, comme pour le contrôle des personnes physiques, alors que le contrôle des grands groupes est suivi dans l'entreprise par des salariés, directeurs financiers, directeurs fiscaux ou directeurs comptables, qui ne subiront pas eux-mêmes les conséquences du contrôle.

Il faut noter que, dans la foulée de la promesse de campagne d'Emmanuel Macron sur le droit à l'erreur, une loi a été votée en août 2018 autorisant le gouvernement à prendre par ordonnances des mesures pour améliorer la relation de confiance avec les entreprises, grandes et petites.

De fortes améliorations sont aussi à constater dans les relations entretenues par l'administration avec les personnes physiques.

L'adoption en 2005 de la Charte des contribuables a constitué ainsi un progrès notable dans les relations de l'administration avec les contribuables.

De même, l'informatisation des services de la DGFIP permet aux contribuables d'échanger plus facilement avec les agents des impôts par emails.

Cette informatisation a aussi permis que la déclaration des revenus soit préremplie. Ainsi la très grande majorité des contribuables n'ont quasiment rien à faire pour remplir leur déclaration.

La déclaration en ligne a aussi constitué un progrès considérable, sachant que les agents des impôts restent à la disposition des contribuables, notamment de ceux qui n'ont pas accès à Internet, pour les aider à remplir leur déclaration.

Enfin le prélèvement à la source va fortement contribuer à l'acceptation de l'impôt, comme c'est le cas dans la plupart des grands pays. L'impôt sur le revenu était en France un impôt auquel les Français étaient très allergiques, car ils devaient chaque année décaisser de l'argent au profit de l'État. Désormais, comme pour la CSG et la TVA, l'impôt est perçu directement par l'État, ou la Sécurité sociale, sans que les contribuables ne perçoivent tout d'abord cet argent pour le reverser un an après au Trésor public.

3. Le pouvoir des énarques de Bercy

Les présidents issus des trois dernières élections présidentielles avaient un important programme de réformes notamment fiscales : Nicolas Sarkozy voulait abaisser la fiscalité sur le travail (c'était le fameux slogan « travailler plus pour gagner plus »), François Hollande mettait en avant la justice fiscale avec la création d'un grand impôt citoyen fusionnant l'IR et la CSG et Emmanuel Macron voulait abaisser les impôts à la fois sur le travail et le capital. Et à chaque fois les Français ont eu l'impression, à tort ou à raison, que le nouveau président renonçait à son programme du fait notamment du poids excessif de la technostructure qui constituait le véritable pouvoir.

La technostructure de Bercy est perçue comme trop puissante et comme dominée par une culture libérale et européenne qui ne pense qu'à appliquer les règles européennes, le fameux 3 %, et à privilégier une politique d'austérité au détriment du pouvoir d'achat et de l'emploi.

Les énarques et les grands corps seraient les responsables des problèmes économiques et sociaux de notre pays, car ils confisqueraient la démocratie au détriment du peuple. Le gouvernement et le Parlement seraient dominés par eux. De ce fait la démocratie représentative ne fonctionnerait plus. Face aux énarques, redonnons la parole au peuple.

Emmanuel Macron malheureusement est entrée dans cette analyse démagogique en proposant de supprimer l'ENA et les grands corps.

Cette analyse est erronée pour trois raisons.

Tout d'abord en période de fort endettement, comme c'est le cas de la France dont l'endettement public est proche des 100 % du PIB, il est nécessaire d'avoir la confiance des marchés qui nous financent et nous refinancent constamment. Sans cette confiance, le pays risquerait au pire la banqueroute au mieux une hausse des taux d'intérêt qui rend nécessaire une politique d'austérité. Une bonne gestion du budget et de la dette est donc vitale pour le pays. Et les gouvernements sont bien heureux que Bercy joue ce rôle.

Ensuite les fonctionnaires ne sont puissants que lorsque le pouvoir politique est faible. Lorsqu'ont opéré à Bercy des ministres à la fois compétents et puissants politiquement, comme Dominique Strauss-Kahn, Laurent Fabius, Nicolas Sarkozy ou Emmanuel Macron, c'était le ministre qui définissait la politique et les fonctionnaires la mettaient en œuvre.

Enfin et surtout en France ce n'est pas la haute fonction publique qui pose problème, mais la classe politique elle-même. Cela ne veut pas dire bien entendu qu'il ne faut pas réformer l'ENA et la haute fonction publique afin que le recrutement des hauts fonctionnaires s'ouvre plus vers les classes populaires et que les hauts fonctionnaires aient une meilleure connaissance de la vie quotidienne des gens.

4. La légitimité de la classe politique

Depuis plusieurs années la classe politique fait en France, mais aussi dans de nombreux autres pays, l'objet d'un rejet par la population.

Le mouvement des gilets jaunes ne fut pas qu'une révolte fiscale, ce fut aussi une révolte contre les élus, contre les représentants du peuple. Il exprimait un rejet de la démocratie représentative et une volonté de lui substituer la démocratie participative. Puisque nos élus ne nous représentent plus, prenons nous-mêmes le pouvoir. La revendication d'instaurer un référendum d'initiative citoyenne (RIC), permettant notamment d'annuler une loi votée par le Parlement ou de destituer un élu, était significative de cette lame de fond.

Pourquoi une telle défiance envers la classe politique ? Pourquoi nos élus font-ils face à une telle perte de légitimité ?

Tout d'abord les élus ne sont plus considérés comme représentatifs de la population. L'absence de parlementaires issus de la classe ouvrière depuis la quasi-disparition du parti communiste est ainsi un problème. De même, la sous-représentation de ce qu'on appelle les minorités visibles (personnes issues du Maghreb, personne de couleur noire) est flagrante. Celle des femmes s'est nettement améliorée depuis la loi sur la parité de Lionel Jospin, mais des progrès restent à faire. Paris est aussi perçue comme surreprésentée par rapport aux territoires.

Le fait que la politique soit devenue un métier est aussi un problème. La population voit les élus comme des personnes plus attachées à leur carrière qu'à représenter les Français. Il faut dire que les scandales (Cahuzac, Fillon) n'ont pas aidé. La loi sur la moralisation de la vie politique votée au début du quinquennat d'Emmanuel Macron va dans le bon sens, mais cela n'a eu aucune influence sur l'image que les Français ont de la classe politique.

Mais la principale cause de rejet de la classe politique est la conviction qu'ont les Français que leurs dirigeants politiques ne tiennent pas leurs promesses, et ne tiennent pas compte de la volonté de leurs électeurs.

En 2007 ils ont élu Nicolas Sarkozy sur un programme social, fondé sur le slogan « travailler plus pour gagner plus ». Les baisses de l'ISF et du bouclier fiscal contenues dans la loi TEPA d'août 2007 ont rapidement donné de la politique de Nicolas Sarkozy l'image d'une politique injuste.

En 2012 ils ont élu François Hollande sur le thème du changement, et notamment de la justice fiscale. La création d'un impôt citoyen plus progressif signifiait pour eux que les « riches » allaient payer plus d'impôts et qu'eux allaient en payer moins. En réalité François Hollande augmenta l'impôt sur le revenu de la moitié des Français, des deux tiers si on tient compte de la suppression des exonérations de cotisations sociales des heures supplémentaires. Même si à la fin du quinquennat une partie des hausses fut annulée pour les foyers imposés au bas du barème de l'impôt sur le revenu, le mal était fait.

Comme Jacques Chirac en 1995, Nicolas Sarkozy et François Hollande ont été perçus comme n'ayant pas tenu leurs promesses et comme ayant demandé toujours plus à ceux qui avaient moins.

Mais le pire aura été ce que la classe politique a fait après la victoire du non au référendum constitutionnel européen de 2005. Lors de la campagne de ce référendum, Nicolas Sarkozy et François Hollande avaient tous les deux fait campagne pour le oui et ils ont tous les deux été battus par une coalition du non de droite (celui des Le Pen) et du non de gauche (mené par Laurent Fabius et Jean-Luc Mélenchon).

Malgré cela en 2008 Nicolas Sarkozy, avec le soutien du PS mené par François Hollande, a fait ratifier par le Parlement le traité de Lisbonne qui reprenait les termes du projet de traité constitutionnel. Le peuple avait dit non, mais la classe politique avait décidé que cela serait oui. On a fortement sous-estimé les ravages que cette attitude a produits chez les Français.

Pour la plupart des Français, il n'y avait plus de différence entre la gauche et la droite ; les dirigeants politiques, d'où qu'ils viennent, ne se soucient pas des Français. Ils appliquent la politique qu'ils souhaitent et sont d'accord entre eux. Il ne leur restait alors aux Français plus que deux possibilités pour exprimer leur mécontentement : voter pour les extrêmes, Front national et Jean-Luc Mélenchon, ou s'abstenir. C'est aussi ce qu'on a appelé le « dégagisme ».

C'est là qu'est arrivé Emmanuel Macron en 2016, proposant une alternative démocratique et européenne à la classe politique de droite et de gauche. Candidat antisystème, il participait au « dégagisme » tout en évitant le populisme et l'euroscepticisme. La surprise et l'espoir furent immenses. La France, la Vème République et la démocratie représentative retrouvaient un nouveau souffle démocratique. Emmanuel Macron offrait un autre choix que les extrêmes ou l'abstention. L'effondrement des partis de droite et de gauche traditionnels confortaient son analyse et l'installait de manière imposante au centre de l'échiquier politique.

Mais malheureusement l'espoir allait être en grande partie déçu.

L'affaire dite Bénalla, même si elle n'est pas en réalité une affaire d'État, comme l'affaire Cahuzac, par exemple, a fortement terni l'image d'Emmanuel Macron qui donnait l'impression que finalement, comme ses prédécesseurs, il s'affranchissait des lois.

Mais ce fut surtout sa politique fiscale qui fut à l'origine du mécontentement contre lui. Il s'était fait élire sur un programme de baisses d'impôts pour tous. Or, s'il avait bien abaissé les impôts des « riches » (remplacement de l'ISF par l'IFI et « flat tax » sur les revenus financiers), il avait augmenté les impôts sur les autres (hausse de la taxe carbone et hausse de la CSG pour 60 % des retraités). Ce fut en novembre 2018 le mouvement des gilets jaunes. Paradoxalement ce mouvement intervint au moment où les promesses de baisses d'impôts pour tous se concrétisaient : baisse de 30 % de la taxe d'habitation pour 80 % des Français et suppression des cotisations sociales salariales chômage et maladie. Mais c'était trop tard. Pour les Français finalement Emmanuel Macron était comme les autres, il ne respectait pas ses engagements et appliquait la même politique qui consiste à toujours demander plus à ceux qui ont moins. C'est bien sûr injuste, mais en politique il faut savoir gérer l'image et le calendrier, ce que n'a pas su faire Emmanuel Macron.

5. Le grand débat national

La décision d'Emmanuel début 2019 de lancer un grand débat national a répondu en partie à la demande des gilets jaunes de plus de démocratie participative. Il faut d'ailleurs rappeler que le mouvement En Marche qu'il a créé s'est dès l'origine appuyé sur la démocratie participative en faisant participer le maximum de personnes à l'élaboration de son programme, comme l'avait fait Ségolène Royal en 2006/2007.

Ce grand débat a été un succès. Il a reposé essentiellement sur les maires qui ont organisé des débats avec leurs électeurs, mais il a aussi impliqué de nombreuses associations et a suscité des initiatives spontanées. Les Français ont pu s'exprimer, c'est ce qu'ils voulaient. Cela dit, on a constaté que parmi les contributeurs, les retraités et les CSP+ étaient surreprésentés au détriment des jeunes et des CSP-. Emmanuel Macron s'est lui-même beaucoup impliqué, animant de nombreux débats un peu partout en France.

Le président avait privilégié quatre sujets : la fiscalité et les dépenses publiques, la démocratie, l'organisation des services publics, l'écologie.

Sans surprise la fiscalité fut celui qui a suscité le plus de contributions autour de deux grands thèmes : baisse des impôts et justice fiscale. Sur le premier sont souvent revenus les souhaits de baisser la CSG ou de baisser la TVA sur les produits de première nécessité et sur le second le rétablissement de l'ISF et la lutte contre la fraude fiscale.

Ce genre de débat citoyen permet de compléter la démocratie représentative par de la démocratie participative, ce qui mérite d'être répété, voire pérennisée.

6. Le rôle du Conseil constitutionnel

Les institutions de la Vème République sont certes bâties sur le principe de la représentativité politique. Les citoyens délèguent à leurs représentants qu'ils élisent leur pouvoir, notamment celui de lever l'impôt et de consentir à l'impôt.

Mais le Parlement est encadré, car, contrairement à ce qui se passait sous la IIIe et la IVe République, le Parlement n'est pas tout puissant, la loi n'est pas toute puissante. Le Parlement et la loi doivent respecter la Constitution. Le Conseil constitutionnel a été créé par la Constitution de 1958 pour vérifier que le Parlement et la loi respectent bien la Constitution.

À l'origine les rédacteurs du texte constitutionnel, le général de Gaulle et Michel Debré principalement, avaient surtout en tête le respect du fonctionnement des institutions : le Parlement ne devait pas empiéter sur les prérogatives du pouvoir exécutif, comme il l'avait fait sous les deux Républiques précédentes. Mais le Conseil constitutionnel, par une décision de 1971, allait de lui-même élargir sa mission en vérifiant que les textes de loi qui lui étaient soumis respectaient les grands principes constitutionnels, ce qu'il appelle le bloc constitutionnel constitué de la Déclaration des droits de l'homme et du citoyen et du préambule de la Constitution de 1946, tous deux repris dans le préambule de la Constitution de la Vème République, mais aussi des grandes lois de la République comme celles sur la liberté d'association ou celle sur la séparation de l'Église et de l'État.

Ainsi en matière fiscale le Conseil constitutionnel vérifie que la loi fiscale respecte le principe d'égalité, égalité devant la loi et égalité devant l'impôt. La justice fiscale fait donc partie de nos principes constitutionnels. Le caractère non confiscatoire de l'impôt doit aussi être respecté. Le Conseil constitutionnel a aussi confirmé que la lutte contre la fraude fiscale constituait un principe constitutionnel.

Rappelons que Conseil constitutionnel peut être saisi par

- le président de la République, le Premier ministre, le président de l'Assemblée nationale, le président du Sénat, 60 députés ou 60 sénateurs les parlementaires après le vote de la loi et avant sa promulgation. La saisine par les parlementaires est possible depuis 1974, à l'initiative de Valéry Giscard d'Estaing

-par tout contribuable à l'occasion d'un contentieux fiscal en déposant une question prioritaire de constitutionnalité (QPC) à l'encontre d'une loi déjà votée. Cela est possible depuis 2010, à l'initiative de Nicolas Sarkozy.

Les institutions politiques de la France reposent donc sur la démocratie représentative, mais aussi sur un État de droit : le Parlement, et donc celui qui adopte les lois fiscales, doit respecter les grands principes constitutionnels, c'est-à-dire notre pacte social et républicain. Une fois élus, nos dirigeants politiques ne peuvent pas faire ce qu'ils veulent.

Conclusion

Emmanuel Macron n'aura pas échappé à la malédiction qui veut que les présidents trébuchent sur l'obstacle fiscal : Nicolas Sarkozy avec la loi TEPA et le bouclier fiscal, François Hollande surtout avec la taxe de 75 %, le mouvement des pigeons contre le durcissement de la taxation des plus-values de cession d'entreprises, les bonnets rouges contre l'écotaxe puis le ras-le-bol fiscal. Et Emmanuel Macron lui-même avec les gilets jaunes contre les hausses de la taxe carbone et de la CSG sur les retraités et contre la suppression de l'ISF.

La fiscalité est devenue ces dernières années le premier enjeu du débat politique en France, comme l'a montré le grand débat national lancé par Emmanuel Macron qui a mis la fiscalité en tête des préoccupations des Français.

On peut trouver trois causes à cette passion des Français pour les questions fiscales.

La première est conjoncturelle. C'est la forte augmentation de la pression fiscale de 2011 à 2018.

La crise financière mondiale de 2008/2009 puis celle de la zone euro de 2011/2012 ont révélé en effet que notre pays souffrait d'une détérioration de sa compétitivité économique et d'un déficit structurel de ses finances publiques trop élevé. Comme de nombreux États membres de la zone euro, notre pays a donc dû engager une politique dite d'austérité, consistant notamment en une politique de réduction du déficit des finances publiques, principalement via des hausses d'impôts. Cette politique a été initiée durant la dernière année du quinquennat de Nicolas Sarkozy, poursuivie pendant tout le quinquennat de François Hollande ainsi que pendant la première année du quinquennat d'Emmanuel Macron. De ce fait en 2017, le poids des prélèvements obligatoires a atteint 45,3 % du PIB, le niveau le plus élevé que la France n'ait jamais connu et aussi le niveau le plus élevé des pays de l'OCDE.

Cette hausse des prélèvements s'est faite au détriment des ménages, les entreprises voyant globalement leurs prélèvements baisser. En effet François Hollande a pratiqué une politique d'ajustement compétitif, appelée aussi politique de l'offre, prônée par les institutions européennes (la Commission et la BCE), l'Allemagne et le FMI.

Cette politique a consisté à :

-rétablir la compétitivité des entreprises, permettant ainsi d'aider l'investissement et les exportations. Cela a consisté à réduire le coût du travail des entreprises (CICE et baisses des charges sociales patronales) et à assouplir le marché du travail (accord national interprofessionnel de 2013 et loi El Khomri),
-maîtriser la demande intérieure qu'il s'agisse de la consommation des ménages, via une augmentation des impôts les concernant (impôt sur le revenu et taxe carbone) ou de la demande publique (économies budgétaires).

Cette politique a donc eu pour effet d'effectuer des transferts importants au détriment des ménages et au bénéfice des entreprises. Les ménages, les plus aisés, mais aussi les classes moyennes, y compris les classes moyennes inférieures, ont vu leurs prélèvements augmenter et les services publics diminués, et cela au bénéfice des entreprises.

Les Français ont rejeté cette politique, car elle amputait leur pouvoir d'achat, mais aussi parce qu'ils ne l'ont pas comprise. Il faut dire que François Hollande n'a jamais assumé publiquement cette politique, politique que l'on peut qualifier de libérale, car elle a privilégié l'entreprise privée par rapport à la puissance publique.

Pourtant cette politique était nécessaire après dix années qui avaient consisté à augmenter le coût du travail en France, avec la généralisation des 35 heures payées 39 heures, et à laisser se détériorer le déficit public structurel via à la fois une non-maitrise des dépenses et des baisses d'impôts.

La politique de François Hollande a permis de baisser le coût du travail sans avoir à baisser les salaires, baisse des salaires qu'ont connue la Grèce, le Portugal ou l'Espagne.

Cette politique a donc rétabli la compétitivité de nos entreprises tout en évitant la récession à notre pays, récession qu'ont connue l'Italie et surtout la Grèce et l'Espagne, et a permis à compter de la mi-2015 de faire baisser le chômage.

Elle a aussi plus sollicité les ménages aisés que les autres, car François Hollande n'a pas eu recours à la TVA, comme dans les autres pays de la zone euro, mais à l'impôt sur le revenu progressif. C'est la dimension sociale de la politique menée entre 2012 et 2017. Mais économiquement ce ne fut pas un choix heureux. En effet en augmentant l'impôt sur le revenu plutôt que la TVA, non seulement François Hollande n'a pas bénéficié de l'effet positif sur le commerce extérieur de l'augmentation de la TVA, mais, de plus, il a dissuadé l'investissement en surtaxant les dividendes.

En réalité le quinquennat de François Hollande a comporté deux périodes bien distinctes. On peut dire que durant les six premiers mois de son quinquennat il a pratiqué une politique socialiste en surtaxant les revenus et le capital, et en tenant un discours anti-entreprises (à l'égard notamment de PSA puis d'ArcelorMittal), rappelant ce qui s'était passé lors de la première année de la présidence de François Mitterrand en 1981-1982. Puis, à partir de novembre 2012, lorsqu'il institua le CICE, il pratiqua une politique libérale allant beaucoup plus loin dans le soutien aux entreprises que ne l'avaient fait avant lui d'autres dirigeants socialistes, comme Jacques Delors, Pierre Bérégovoy, Michel Rocard ou Dominique Strauss-Kahn.

Cette combinaison de socialisme et de libéralisme m'a amené, dans l'ouvrage que j'ai publié en 2016, « François Hollande : le courage de réformer » de qualifier la politique de François Hollande de social-démocratie à la française, mais une social-démocratie à la Schröder, c'est-à-dire une politique qui privilégie l'entreprise privée par rapport à la puissance publique tout en préservant notre modèle social, une social-démocratie devenue en réalité un social-libéralisme.

Lassés de voir François Hollande ne pas assumer cette politique et ne pas sanctionner les « frondeurs », les électeurs de centre-gauche réformiste ont abandonné le PS et voté Emmanuel Macron en 2017 (la moitié des électeurs de François Hollande du premier tour de 2012 ont voté Emmanuel Macron au premier tour de 2017).

Bien qu'élu sur un programme de baisses d'impôts des ménages (suppression de la taxe d'habitation pour 80 % des ménages, suppression des cotisations sociales salariales maladie et chômage) Emmanuel Macron a continué cette politique durant la première année de son quinquennat en baissant les impôts sur les investisseurs économiques (remplacement de l'ISF par l'IFI et instauration de la flat tax sur les dividendes), en augmentant les impôts sur les ménages (augmentation de la taxe carbone, augmentation de la CSG sur 60 % des retraités) et en poursuivant l'assouplissement du marché du travail (ordonnances sur le droit du travail).

Lorsque se déclenche le mouvement des gilets jaunes en octobre-novembre 2018, les Français sont à bout de cette politique d'austérité qui leur demande toujours plus. Mais paradoxalement c'est exactement au moment où les baisses d'impôts pour les ménages sont entrées en vigueur que le mouvement des gilets jaunes s'est déclenché. En effet fin 2018 le montant des baisses d'impôts calculé depuis le début du quinquennat d'Emmanuel Macron aura été de 16,2MM€, dont 11 pour les ménages et 5,2 pour les entreprises, ce qui est considérable, et le poids des prélèvements obligatoires aura commencé à baisser en se situant à 45 % du PIB en 2018.

C'est donc au moment où la politique d'austérité s'est arrêtée qu'est intervenue cette révolte antifiscale. Mais le paradoxe n'est peut-être qu'apparent. C'est en effet lorsque l'économie va mieux et que le chômage baisse que les mouvements de contestation se développent, car alors les salariés n'ont plus peur. Il est d'ailleurs révélateur de constater que la baisse du chômage ne figurait ni dans les revendications des gilets jaunes ni dans les contributions au grand débat, alors que le chômage a été la préoccupation permanente des Français durant le quinquennat de François Hollande.

La seconde raison qui explique cette allergie fiscale des Français est le sentiment d'injustice. Les Français ont la profonde conviction que notre fiscalité est injuste, qu'ils payent pour les « riches » et les grandes entreprises qui fraudent massivement et que les gouvernements laissent faire.

Et pourtant ce n'est pas la réalité.

Certes les grandes entreprises ont bénéficié du CICE et des baisses de charges sous Hollande, mais comme l'impôt sur les sociétés a fortement augmenté pour les grandes entreprises au début du quinquennat de François Hollande, les prélèvements de ces dernières ont moins baissé que ceux des PME qui auront été les grandes gagnantes du quinquennat Hollande. Et la baisse du taux de l'impôt sur les sociétés d'Emmanuel Macron a commencé à bénéficier aux PME avant d'être étendue aux grandes entreprises.

Et les « riches » ? En privilégiant l'impôt sur le revenu progressif pour augmenter la fiscalité des ménages, François Hollande a beaucoup plus augmenté la pression fiscale sur les ménages aisés (les « riches » et les classes moyennes supérieures) qui ont été les grands perdants du quinquennat Hollande, que sur les autres. Et la baisse d'impôt sur le revenu d'Emmanuel Macron ne bénéficie qu'aux ménages imposés dans les tranches à 14 % et 30 % et non aux plus riches, ceux imposés dans les tranches à 41 % et 45 %.

Et on a vu que, malgré le remplacement de l'ISF par l'IFI et l'instauration de la « flat tax » sur les dividendes la fiscalité sur les « riches » restait très élevée, plus élevée chez nous que chez nos partenaires, du fait tout d'abord de la forte progressivité de l'impôt sur les revenus, à laquelle il faut ajouter la CSG, et surtout du fait des droits de succession et de donation dont le barème est là aussi très progressif.

Enfin on a vu que la France était le pays de l'OCDE qui combattait le plus la fraude et l'évasion fiscale.

Il ne s'agit pas de prétendre que la fraude et l'évasion fiscale n'existe pas en France bien entendu, mais de dire que, comparativement à ses partenaires notre pays est en pointe sur ce sujet depuis plusieurs années.

Mais on sait que les Français sont plus exigeants que leurs voisins quand il est question d'égalité ou de justice sociale ou fiscale.

Les baisses d'impôts d'Emmanuel Macron bénéficient donc massivement aux classes moyennes et aux classes populaires (suppression de la taxe d'habitation, suppression des cotisations salariales maladie et chômage, baisse de l'impôt sur le revenu, augmentation de la prime d'activité).

D'ici à la fin du quinquennat les baisses d'impôts devraient s'élever au total à 32MM€, dont 27 pour les ménages et 5 pour les entreprises.

De même que François Hollande aura été le président qui aura le plus baissé les prélèvements obligatoires sur les entreprises, Emmanuel Macron sera donc le président qui aura le plus abaissé la fiscalité sur les ménages ; il sera le président du pouvoir d'achat.

Malgré le remplacement de l'ISF par l'IFI sa politique fiscale est au final moins libérale et plus sociale que celle de François Hollande. Il est significatif que Laurent Wauquiez ait reproché à Emmanuel Macron de ne pas aimer l'entreprise. Il faut dire que le contexte économique est plus favorable sous le quinquennat d'Emmanuel Macron que sous le quinquennat précédent et que les entreprises de ce fait ont beaucoup moins besoin d'être aidées.

Mais combien de Français ont compris que François Hollande a mené une politique pro-entreprise ? Il a en effet l'image d'un président qui a mené une politique antiéconomique.

Et combien de Français sont d'avis qu'Emmanuel Macron mène une politique favorable au pouvoir d'achat ? Il a en effet l'image d'un président loin des préoccupations quotidiennes des Français.

Il est vrai qu'aujourd'hui, à l'époque du règne des réseaux sociaux et des télévisions en continu, l'image des dirigeants politiques est hélas bien plus importante que la réalité de la politique qu'ils mènent.

Et puis les Français ne sont jamais reconnaissants envers le pouvoir quand il baisse les impôts. Pour eux, les baisses d'impôts constituent un dû. Lionel Jospin l'a appris à ses dépens en 2002. De même, les entreprises ont enregistré les baisses de charges de François Hollande sans lui en être reconnaissants, bien au contraire. Et il arrive la même chose pour Emmanuel Macron avec les classes moyennes et populaires. Mais il est vrai que le quinquennat d'Emmanuel Macron est loin d'être terminé.

La troisième raison qui explique cette appétence des Français pour le débat fiscal est la question du consentement à l'impôt. La démocratie c'est le consentement du peuple à l'impôt et la démocratie parlementaire c'est le consentement du peuple à l'impôt via ses représentants, c'est ce que l'on appelle la démocratie représentative.

La démocratie représentative est en crise aujourd'hui en France, mais aussi dans d'autres pays européens comme le Royaume-Uni ou l'Italie. Les citoyens n'ont plus confiance en leurs élus, ils estiment que les élus ne les représentent plus, ne défendent plus leurs intérêts et ne pensent qu'à leur carrière.

Ils reprochent aux présidents de se faire élire sur un programme de réduction d'impôts et de justice fiscale et de faire l'inverse une fois arrivés au pouvoir, de toujours appliquer la même politique, celle de l'austérité inspirée par l'Union européenne. Le référendum sur Maastricht en 1992, où le OUI ne l'a emporté que de justesse, a constitué la première rupture entre les Français et la classe politique ; la seconde a été le référendum de 2005 sur le traité constitutionnel européen. Les Français ont dit NON et, malgré ce non, trois ans après, la droite et la gauche ratifiaient au Parlement le traité de Lisbonne qui reprenait les dispositions que les Français avaient rejetées.

Tout cela explique à la fois le rejet du système de la classe politique, la forte montée de l'abstention aux élections, le vote en faveur des extrêmes et le désir de démocratie participative. Rendez le pouvoir au peuple, redonnez-lui le pouvoir de décider de l'impôt. Tels ont été en substance les messages des gilets jaunes.

De ce point de vue le grand débat lancé par Emmanuel Macron a été une bonne réponse : il a préservé la démocratie représentative tout en y ajoutant une dose importante de démocratie participative.

En conclusion, comme ceux de Nicolas Sarkozy et de François Hollande, le quinquennat d'Emmanuel Macron va probablement se jouer sur la fiscalité.

Il est légitime de se demander s'il existe aujourd'hui une alternative à la politique fiscale d'Emmanuel Macron, à la politique social-libérale.

On pourrait certes mener une véritable politique socialiste, qui augmenterait encore l'impôt sur le revenu des plus aisés ainsi que l'impôt sur les sociétés des grands groupes et rétablirait l'ISF. C'est ce que propose la France insoumise de Jean-Luc Mélenchon. Une telle politique a été menée en 1981-82 et durant les six premiers mois du quinquennat de François Hollande. Dans les deux cas, cela s'est traduit par un arrêt de l'investissement et une augmentation du chômage. En 2012 cela a aussi entrainé deux réactions antifiscales, celle des « pigeons » puis celle des bonnets rouges. On voit donc qu'il serait dangereux sur le plan économique et politique de renouveler ce type d'expérience.

On pourrait aussi recourir à une vraie politique libérale, qui consisterait à baisser l'impôt sur le revenu des plus aisés, à réduire les droits de succession et donation, à augmenter la TVA et à réduire les dépenses publiques via une nouvelle hausse de l'âge de la retraite et une forte diminution du nombre de fonctionnaires. Une telle politique n'a jamais été véritablement mise en place en France, à part peut-être en 1986-88 et au début du quinquennat de Nicolas Sarkozy. Elle correspondait au programme de François Fillon en 2017. On peut penser qu'elle heurterait de plein fouet le fort sentiment d'injustice fiscale déjà très présent chez les Français.

Le défi d'Emmanuel Macron va être de réussir à baisser les impôts de manière durable. Le poids des prélèvements obligatoires devrait baisser d'un point de PIB sur le quinquennat. En réalité les 32MM€ de baisses d'impôts vont représenter environ 1,4 % du PIB. Mais il ne faut pas que cela se traduise par une augmentation du déficit structurel de nos finances publiques, car dans ce cas cette baisse serait provisoire et donc illusoire. Les sept ans de hausses d'impôts que nous avons vécus de 2011 à 2018 ont été la conséquence des dix années de baisses qui les avaient précédées (de 2002 à 2010, sous Lionel Jospin, Jacques Chirac puis Nicolas Sarkozy) : les impôts avaient baissé et les dépenses avaient augmenté. Cela avait été masqué par la croissance qui permettait d'avoir de bonnes rentrées fiscales, malgré les baisses d'impôts. Et puis la vérité a éclaté au grand jour quand est arrivée la crise financière : le déficit a atteint 7,2 % du PIB en 2009.

Emmanuel Macron doit donc non seulement baisser les impôts, mais aussi en parallèle maîtriser la dépense publique et faire des économies.

Dans son programme présidentiel, il avait annoncé que la dépense publique baisserait de 3 % de PIB pendant son quinquennat, sans cependant beaucoup documenter les économies budgétaires qu'il comptait réaliser, à part la suppression de 120.000 emplois de fonctionnaires (70.000 dans l'Etat et 50.000 dans les collectivités territoriales).

Après les gilets jaunes et le grand débat, il a annoncé renoncer à supprimer 120.000 emplois de fonctionnaires et ne plus fermer d'hôpital ni d'école contre l'avis du maire concerné.

Où trouver alors les économies ?

Le grand débat n'a pas permis d'identifier les économies qui pourraient recueillir le soutien des Français. Et pour cause les deux premiers postes de dépenses publiques en France sont les retraites (27 % des dépenses) et la santé (20 %), deux catégories de prestations auxquelles les Français sont très attachés. C'est probablement à l'occasion de la réforme des retraites qui va arriver devant le Parlement en 2020 que le débat sur les dépenses publiques va entrer dans sa phase dure.

Emmanuel Macron devra nous sortir durablement de l'alternance des périodes d'augmentation d'impôts (1995-1999 et 2011-2017) et de baisses d'impôts (2000-2010 et 2018-2022). La France a besoin de stabilité fiscale et de cohérence politique.

Faisons un vœu : qu'à l'issue du quinquennat d'Emmanuel Macron le débat fiscal ne soit plus une passion française.

Il est permis de rêver un peu.

Le 12 juillet 2019

Bibliographie

Daniel Cohen – « Nos temps Modernes » - Champs-Flammarion (1999) ;

Daniel Cohen – « Il faut dire que les temps ont changé » - Albin Michel (2018) ;

François Adam, Olivier Ferrand, Rémy Rioux – « Finances publiques » - Presses de Sciences Po et Dalloz (2003) ;

Fondation Copernic – « Un social libéralisme à la française ? Regards critiques sur la politique économique et sociale de Lionel Jospin » - Editions La Découverte (2001) ;

Lionel Fourny, Christophe Stener – « Les impôts, droit fiscal français » - Masson, Droit Sciences économiques (1986) ;

Philippe Derouin, Philippe Martin – « Droit communautaire et fiscalité, sélection d'arrêts et de décisions » - Litec, Editions du Juris-Classeur (2004) ;

John Maynard Keynes – « Théorie générale de l'emploi, de l'intérêt et de la monnaie » - Petite bibliothèque Payot (1936) ;

Yves Jégounel – « La taxe Tobin » - Repères, La découverte (2002) ;

Thomas Piketty – « Les hauts revenus en France au XXe siècle – Inégalités et redistributions – 1901-1998 » - Grasset (2001) ;

Thomas Piketty – « Le capital au XXIe siècle » - Le Seuil (2013) ;

Bernard Salanié – « L'économie sans tabou » - Editions Le Pommier (2004) ;

Ministère de l'Économie, des Finances et de l'Emploi – Le projet de loi de finances pour 2019 ;

Rapport d'activité de la Direction générale des finances publiques 2017 ;

Table des matières

SCIENCES ÉCONOMIQUES
AUX ÉDITIONS L'HARMATTAN

Dernières parutions

L'ÉCONOMIE AU XXIE SIÈCLE
Critique de la raison en économie
Tome 2 : Synthèse
Emile Jalley
La crise de la culture actuelle en France semble moins affecter les sciences économiques que la psychanalyse ou la philosophie. Des sondages montrent l'attirance croissante d'un public éclairé vers ce type d'ouvrages d'économie, surtout du courant dit des économistes « hétérodoxes ». On examine ici une vingtaine de ces ouvrages parus de 2011 à 2018. Leur dialogue aboutit à la proposition d'une trentaine de « solutions » à une prochaine crise financière majeure, plus catastrophique qu'en 2007. Le tome 2, intitulé Synthèse, étudie les points saillants de ce corpus, la littérature critique le concernant, et enfin l'ensemble des solutions proposées par les auteurs à la crise globale contemporaine.
(328 p., 34 euros)
ISBN : 978-2-343-17459-4, EAN EBOOK : 9782140120848

LE MAROC ET SES RIVERAINS MÉDITERRANÉENS
Emergence économique, réformes, défis et enjeux
Abdelghani Youmni
Dans quelle mesure les politiques économiques telles qu'elles ont été appliquées dans certains Pays du sud et de l'est de la Méditerranée (PSEM), durant les trois dernières décennies, ont impacté leur développement économique et social ? Ce livre cherche à comprendre et à tirer des conclusions et des leçons des trois dernières décennies, pour montrer qu'elles n'ont pas réussi à ajuster de manière efficiente les économies de ces pays. Les inégalités se sont davantage creusées dans des sociétés de plus en plus injustes et de plus en plus déchirées. Les « printemps dits arabes » ont montré le grand décalage dans cette région entre le temps politique, le temps économique, le temps social et le temps administratif.
(Coll. Histoire et perspectives méditerranéennes, 252 p., 26 euros)
ISBN : 978-2-343-16567-7, EAN EBOOK : 9782140119996

L'ÉCONOMIE AU XXIE SIÈCLE
Critique de la raison en économie
Tome 1 : Analyse
Emile Jalley
La crise de la culture actuelle en France semble moins affecter les sciences économiques que la psychanalyse ou la philosophie. Des sondages montrent l'attirance croissante d'un public éclairé vers ce type d'ouvrages d'économie, surtout du courant dit des économistes « hétérodoxes ». On examine ici une vingtaine de ces ouvrages parus de 2011 à 2018. Leur dialogue aboutit à la proposition d'une trentaine de « solutions » à une prochaine crise financière majeure, plus catastrophique qu'en 2007. Le tome 1, intitulé Analyse, envisage : 1. L'environnement interdisciplinaire de l'économie, 2. Les chiffres et données significatifs de l'économie actuelle, 3. Une chronologie commentée, 4. La présence latente de Marx et Hegel dans le champ de la recherche économique, et 5. La relation effective de vassalité de la France à l'égard de l'empire européen de l'Allemagne.
(258 p., 27 euros)
ISBN : 978-2-343-17458-7, EAN EBOOK : 9782140120480

LES OBJECTIFS DU MILLÉNAIRE POUR LE DÉVELOPPEMENT (OMD) FACE À LA RÉALITÉ CAMEROUNAISE

Joseph-Eric Nnomenko'o
Préface d'Alain François

Lorsque les États membres des Nations Unies se réunissent en septembre 2010 à New York aux États-Unis, c'est pour mettre sur pied des politiques de réduction de la pauvreté dans plusieurs pays, notamment en Afrique et donner lieu à la "Déclaration du millénaire pour le développement », déclinée en huit objectifs principaux. Ce travail, qui a comme cadre territorial d'analyse le Cameroun, par son approche triangulaire entre théorie, terrain et recherche, est une interpellation adressée aux décideurs publics dans la perspective de l'amélioration de la conduite des politiques publiques de développement.

(124 p., 14 euros)

ISBN : 978-2-343-17491-4, EAN EBOOK : 9782140120428

L'AFRIQUE DES PARADOXES

Regards et attitudes des jeunes

Driss Guerraoui, Noureddine Affaya

Cet ouvrage a pour ambition de penser l'Afrique à partir d'une tentative de réappropriation du continent par sa jeunesse. Pour ce faire, les auteurs apportent un éclairage sur l'état de la mobilisation des élites scientifiques, des chercheurs et des intellectuels africains pour la compréhension des problématiques majeures de leur continent et interrogent le paradigme et les paradoxes du développement en Afrique. Il examine les réalités de la jeunesse africaine et les transformations qu'elle connait en termes démographique, économique, social et culturel, identifie ses défis et dévoile son regard sur l'avenir du continent et du monde.

Editions La croisée des chemins (282 p., 18 euros)

ISBN : 978-9920-769-11-2, EAN EBOOK : 9782140120213

LES ÉCOSYSTÈMES D'INNOVATION

Regards croisés des acteurs clés

Sous la direction de Blandine Laperche, Marcos Lima, Eric Seulliet et Brigitte Trousse

L'innovation est le résultat d'un processus composé de nombreuses étapes et d'interactions entre de multiples personnes, organisations et institutions. Le concept d'écosystème, emprunté à la biologie, traduit bien ces interactions. L'innovation s'épanouit aussi mieux lorsqu'elle est portée par des communautés d'usagers qui sont autant de co-créateurs. Il est également essentiel de faire preuve d'agilité, de partager les risques, de mutualiser les ressources. Pour ces raisons, les écosystèmes d'innovation deviennent le creuset incontournable de l'innovation.

(Coll. L'esprit économique, 326 p., 35 euros)

ISBN : 978-2-343-17437-2, EAN EBOOK : 9782140120077

RECHERCHE PROSPECTIVE SUR LE FINANCEMENT INTERNE DU DÉVELOPPEMENT

Ong 3D - Démocratie - Droits humains - Développement

L'objectif général de cette recherche est de faire une étude prospective sur les possibilités de financement interne du développement au Sénégal et de formuler des recommandations pour améliorer la mobilisation des ressources fiscales. De façon spécifique, il s'est agi, par une démarche empirique, d'identifier les principales sources de pertes de recettes tout en suggérant des mesures allant dans le sens de les neutraliser.

(Coll. Harmattan Sénégal, 214 p., 22 euros)

ISBN : 978-2-343-16697-1, EAN EBOOK : 9782140118791

UNE MONDIALISATION CONTRARIÉE

L'Europe et la Chine face à de nouveaux enjeux

Xavier Richet, Julien Vercueil

Ce livre se donne pour but d'éclairer les rôles respectifs de l'Europe et de la Chine dans les évolutions contemporaines de la mondialisation. Pour contrariée et contradictoire qu'elle soit, la mondialisation économique n'est pas pour autant à l'arrêt : elle change de vecteurs. Face au repli protectionniste américain, aux incertitudes européennes et aux crises qui touchent les institutions les plus emblématiques de ce qui faisait jusqu'ici la mondialisation, la Chine apparaît comme la puissance qui a désormais le plus intérêt à poursuivre la progression des échanges. Elle y contribue notamment avec le développement de ses « Nouvelles Routes de la Soie » (NRS). Les contributions à ce livre ouvrent de nouvelles perspectives.

(Coll. Questions contemporaines, 238 p., 24,5 euros)

ISBN : 978-2-343-16753-4, EAN EBOOK : 9782140118364

LES MIGRATIONS INTERNATIONALES ET LE DÉVELOPPEMENT

L'exode de compétences et les envois de fonds émigrés

Serge Feld

Depuis 1990, le nombre de migrants internationaux a augmenté de plus de 91 millions soit plus de 60%, et s'élève actuellement à 224 millions. La question se pose de savoir si les migrations internationales favorisent le bien-être des populations des pays de départ, au delà des polémiques politiciennes. D'une part, l'émigration de personnel qualifié, appelée également "exode des cerveaux", est considérée comme un frein au développement de nombreux pays. D'autre part, les transfers des économies des migrants vers leurs familles peuvent fournir des ressources qui bénéficient à toute la population.

(Coll. Populations, 242 p., 25,5 euros)

ISBN : 978-2-343-16543-1, EAN EBOOK : 9782140118340

LA FORMALISATION VUE D'EN BAS

Enjeux pour la transition vers l'économie formelle

Fréderic Lapeyre, Simon Barussaud

L'économie informelle a pendant longtemps été une boite noire faute de données disponibles et compte tenu de la diversité et de la complexité des institutions et des pratiques à l'oeuvre en son sein. Pourtant c'est la réalité du monde du travail de la grande majorité des travailleurs en Afrique. Cet ouvrage s'adresse à tous ceux désireux d'en savoir plus sur le fonctionnement de l'économie informelle et sur les conditions d'une transition vers l'économie formelle.

Academia (Coll. Espace Afrique, 348 p., 33 euros)

ISBN : 978-2-8061-0441-0, EAN EBOOK : 9782806109972

NIGERIA AND THE MILLENIUM DEVELOPMENT GOALS DEVELOPMENT AGENDA

Chukwuebuka Dominic Onyechi

The Millennium Development Goals adopted by United Nations member states in 2000 were meant to improve a variety of situations affecting the well-being of their inhabitants by 2015: poverty, hunger, education, disease, gender equality and environmental sustainability. In this book, Chukwuebuka Dominic Onyechi evaluates the performance of Nigeria with respect to achieving these goals.He describes the challenges faced by the country and evaluates its successes and failures goal by goal to establish what worked, what didn't, and why.

(266 p., 27,5 euros)

ISBN : 978-2-343-17020-6, EAN EBOOK : 9782140115158

HISTOIRE ÉCONOMIQUE DU MONDE ISLAMIQUE

De l'Arabie préislamique à la dynastie umayyade

Ahmed Danyal Arif

La mémoire collective considère généralement l'Islam comme l'entrave essentielle au progrès économique et social des peuples qui s'en réclament. La plupart du temps sont étudiés les conflits sociaux, les guerres et les manoeuvres politiques. C'est omettre que les périodes du VIIe au XIe siècle ont été celles où le monde arabo-musulman a fait de remarquables avancées dans la compréhension des phénomènes marchands, des mécanismes monétaires ou en matière de finances publiques. L'ouvrage tente de réunir l'ensemble des travaux jusqu'alors entrepris sur le sujet afin de mettre en lumière le versant économique de l'histoire de l'Islam.

(254 p., 25,5 euros)

ISBN : 978-2-343-16696-4, EAN EBOOK : 9782140114496

GESTION DES DÉCHETS SOLIDES MÉNAGERS ET SÉGRÉGATION SOCIO-SPATIALE DANS LA VILLE DE CONAKRY

Marie Rose Bangoura
Préface de Laurien Uwizeyimana

Cet ouvrage essaie d'analyser les raisons de l'échec de la gestion des déchets solides ménagers dans la ville de Conakry dans un contexte de ségrégation socio-spatiale. Il tente également de construire une perspective de gestion qui puisse prendre en compte le traitement et la valorisation des déchets dans cette ville.

(Coll. Études africaines, 660 p., 49 euros)
ISBN : 978-2-343-15829-7, EAN EBOOK : 9782140114373

LES IMPÔTS DU BONHEUR

Pour une révolution fiscale écologique européenne

Etienne Levesque

Nous ne sommes pas sur la bonne trajectoire écologique. Face à cela, Etienne Levesque nous entraîne dans une démarche de politique fiction avec la conviction de la nécessité d'imaginer demain. L'avenir ne se prévoit pas, il se construit. Pour cela, il prône une révolution fiscale écologique européenne. Il étudie les accompagnements nécessaires dans l'agriculture, l'industrie, les mobilités, le logement et l'emploi. Il propose une démarche pour un développement équilibré et harmonieux entre les territoires et les pays de l'Europe. Sûre de ses choix pour elle-même et la planète, l'Union européenne verra son rôle renforcé commercialement et politiquement.

(Coll. Questions contemporaines, 140 p., 15,5 euros)
ISBN : 978-2-343-16810-4, EAN EBOOK : 9782140114083

QUESTIONS D'EUROPE

Quatrième édition augmentée

STEPHANE MADAULE

Les frontières de l'Europe, l'existence d'un peuple européen, son histoire, son mode de construction, les concepts arides de subsidiarité et de majorité qualifiée, le nouveau traité constitutionnel sont les principaux thèmes abordés dans cet ouvrage. Mais il ne suffit pas de vouloir construire l'Europe, il faut lui donner un sens. Libéralisme, libre-échange, non-interventionnisme ont largement guidé ses premiers pas. Aujourd'hui, lui donner un contenu politique, social et démocratique semble indispensable pour son avenir.

(210 p., 20 euros)
ISBN : 978-2-343-16800-5, EAN EBOOK : 9782140113994

GUADELOUPE : LE DÉVELOPPEMENT EN QUESTION(S)

Sous la direction de Georges Combé

Ce numéro spécial d'Etudes Guadeloupéennes a pris le parti d'une approche transversale avec un ensemble de contributions qui mettent en question le développement dans ses multiples dimensions. Elles font des propositions novatrices qui pourraient nourrir le débat nécessaire et inévitable sur le devenir de la Guadeloupe. Comment la situer au regard des critères conventionnels du développement ? Si elle n'est pas un pays développé, à quelles conditions peut-elle l'être?

(218 p., 23,5 euros)
ISBN : 978-2-343-16121-1, EAN EBOOK : 9782140113772

LES MARCHÉS ONT TOUJOURS RAISON

Quarante années de révolution silencieuse

Alain Fiorucci

Les marchés sont mal considérés, malgré l'accélération spectaculaire du volume des transactions qui s'y opèrent depuis le début des années 1970. En démontrant la réalité de leur dépendance vis-à-vis de la conjoncture et non l'inverse, l'auteur entend souligner à quel point leur observation dans le court terme peut apporter un côté expérimental à une science économique qui en manque cruellement.

(310 p., 32 euros)
ISBN : 978-2-343-16106-8, EAN EBOOK : 9782140112485

Structures éditoriales du groupe L'Harmattan

L'Harmattan Italie
Via degli Artisti, 15
10124 Torino
harmattan.italia@gmail.com

L'Harmattan Hongrie
Kossuth l. u. 14-16.
1053 Budapest
harmattan@harmattan.hu

L'Harmattan Sénégal
10 VDN en face Mermoz
BP 45034 Dakar-Fann
senharmattan@gmail.com

L'Harmattan Cameroun
TSINGA/FECAFOOT
BP 11486 Yaoundé
inkoukam@gmail.com

L'Harmattan Burkina Faso
Achille Somé – tengnule@hotmail.fr

L'Harmattan Guinée
Almamya, rue KA 028 OKB Agency
BP 3470 Conakry
harmattanguinee@yahoo.fr

L'Harmattan RDC
185, avenue Nyangwe
Commune de Lingwala – Kinshasa
matangilamusadila@yahoo.fr

L'Harmattan Congo
67, boulevard Denis-Sassou-N'Guesso
BP 2874 Brazzaville
harmattan.congo@yahoo.fr

L'Harmattan Mali
Sirakoro-Meguetana V31
Bamako
syllaka@yahoo.fr

L'Harmattan Togo
Djidjole – Lomé
Maison Amela
face EPP BATOME
ddamela@aol.com

L'Harmattan Côte d'Ivoire
Résidence Karl – Cité des Arts
Abidjan-Cocody
03 BP 1588 Abidjan
espace_harmattan.ci@hotmail.fr

L'Harmattan Algérie
22, rue Moulay-Mohamed
31000 Oran
info2@harmattan-algerie.com

L'Harmattan Maroc
5, rue Ferrane-Kouicha, Talaâ-Elkbira
Chrableyine, Fès-Médine
30000 Fès
harmattan.maroc@gmail.com

Nos librairies en France

Librairie internationale
16, rue des Écoles – 75005 Paris
librairie.internationale@harmattan.fr
01 40 46 79 11
www.librairieharmattan.com

Lib. sciences humaines & histoire
21, rue des Écoles – 75005 Paris
librairie.sh@harmattan.fr
01 46 34 13 71
www.librairieharmattansh.com

Librairie l'Espace Harmattan
21 bis, rue des Écoles – 75005 Paris
librairie.espace@harmattan.fr
01 43 29 49 42

Lib. Méditerranée & Moyen-Orient
7, rue des Carmes – 75005 Paris
librairie.mediterranee@harmattan.fr
01 43 29 71 15

Librairie Le Lucernaire
53, rue Notre-Dame-des-Champs – 75006 Paris
librairie@lucernaire.fr
01 42 22 67 13

www.ingramcontent.com/pod-product-compliance
Lightning Source LLC
LaVergne TN
LVHW010935061026
849535LV00007B/2407
* 9 7 8 2 3 4 3 1 8 0 2 6 7 *